いったい

これは何でしょう？

(→正解は次ページ)

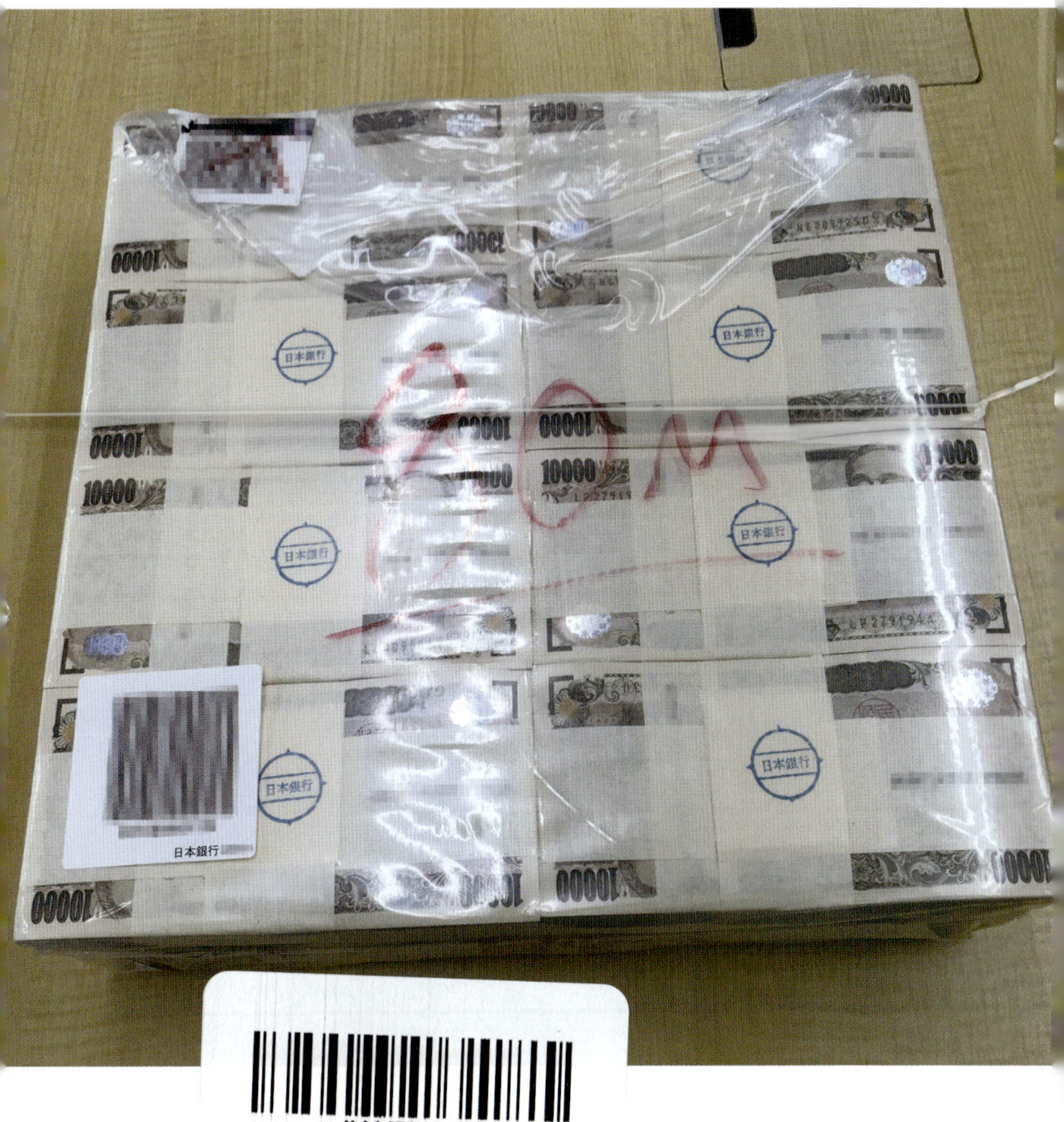

“日本銀行印”がついた8000万円の現金の塊！
支店に現金がなかったので
メインバンク本店から取り寄せた。
なぜ、賞与は「現金・手渡し」がいいのか？（→3ページ）

お金は愛

人を育てるお金、ダメにするお金

小山 昇
Noboru Koyama
株式会社武蔵野 代表取締役社長

ダイヤモンド社

プロローグ 人を育てるお金、ダメにするお金

愛情は「お金」で示してこそ伝わる

みなさんは自社の社員を大切にしていますか？

中小企業の社長にそのように尋ねれば、ほとんどの社長は「大切にしている」と答えるでしょう。

しかし、口だけならいくらでも立派なことが言えます。

大切に思う気持ちがあることと、その気持ちを具体的な形にして示しているかは別問題。いくら愛情があっても形にしなければ伝わらず、社員は離れていきます。

株式会社武蔵野は、東京・武蔵野エリアを中心にダスキン事業を展開すると同時に、そ

こで培《つちか》った中小企業経営のノウハウを公開して指導する経営サポート事業を行っていますが、この10年間で、課長職以上で辞めた社員は2人（正確には2人退職しましたが、ひとり戻ってきたので実質ひとり）です。

なぜ、武蔵野は社員が辞めないのか。

それは**社員への愛情を、口だけでなくお金で示している**からです。

2017年度、基本給を3000円ベースアップしました。これで新卒の初任給は20万円台になった。その年、トヨタ自動車は1300円のベースアップでした。

2017年度の賞与は、前期比157％で支払いました。この勢いで収入が増えるから、社員は「ヨソの会社に行くより武蔵野にいたほうが安心できる」と考える。これが社員に形で愛情を示すことです。

武蔵野は、**賞与を社員に現金で手渡し**しています。あえて銀行振込にしないのは、愛情を実感してもらいたいから。同じ金額でも、通帳に記載された数字を見るより現金で受け取ったほうが、社員はうれしい。これも私の愛情表現のひとつです。

前期（2017年度）の賞与総額は1億円に達しました。電子決済があたりまえになったいま、８０００万円の現金を用意するのは大変です。銀行の支店にはそれだけの現金がないので、今回は事前に**本店から現金８０００万円**を取り寄せてもらった。

私自身、これだけの額の現金の塊を見たのは生まれて初めて（↓巻頭カラー口絵）。メインバンクの支店長ですら、「こんな札束を見たのは初めて」と驚いていました。銀行業界では、８０００万円の札束（１万円札×８０００枚）を〝座布団《ざぶとん》〟と呼んでいる。賞与の袋詰めをした社員は、座布団を見てなおのこと驚いたでしょう。

私は拙著『数字は人格』の中で、「会社経営においては、**『数字が人格』『お金が愛』**」と書きました。

社員の雇用を守るためには、お金が必要です。どんなに口で素晴らしいことを言っても、お金がなければ社員の生活を豊かにすることはできない。社員のために使えるお金を持っている社長が、**愛のある社長**です。

〝死に金〟社長は会社を不幸にする

　ところが、世の中には社員や会社のためではなく、自分のために使ってしまうダメ社長もいる。

　箱根で、わが社の経営サポート会員向けに「実践経営塾　プレミアム合宿」（12社限定、1社162万円）を行っていたときの話です。合宿に参加していた株式会社小田島《おだしま》組（建設・岩手県）の小田島直樹社長から、このように耳打ちされました。

「昨日、新幹線の仙台駅で偶然、株式会社ミウ（ＩＴ関連・東京都）の宮下徹社長に会ったんです。僕がグリーン車に乗ろうとしたら、宮下さんは『私は向こうなので……』とバツが悪そうにしている。そう言えば前回、宮下さんは、いまキャッシュがなくて経営が苦しいと言っていた。普通車で頑張っているのかと思って別れたら、東京駅でグランクラス（新幹線のファーストクラス）から出てきました！」

この話を聞いて、他の社長仲間も、「宮下さんはレクサスに乗ってる！　しかもオプションで後部座席のテレビモニターまでついてる！」「事務所も大きい！」と密告。会社や社員のために使うお金は**〝生き金〟**ですが、社長が自分の見栄のために使うお金は**〝死に金〟**です。私は、東京で仕事中だった宮下社長を箱根に呼び出しました。

宮下社長は、殊勝な面持ちで反省の言葉を口にしていました。しかし、とりあえずこの場を逃れようとしているだけなのは明白。私はもっとキツいお灸が必要だと判断して、経営サポート会員のボイスメールに次のように一斉送信しました。

「宮下さんをきちんと指導するのが私たちの役目です。宮下さんはレクサスを今日中に売って、事務所もすぐ安いところに引っ越すこと。車は株式会社松尾モータース（自動車販売・兵庫県）の松尾章弘社長、事務所はアドレス株式会社（不動産・福島県）の高尾昇社長の責任で対応してください」

宮下社長は本気にしていなかったが、善は急げ。合宿に参加していた松尾社長は、その日のうちにレクサス（グレードは「ＬＳ４６０Ｌ　バージョンＵ」、当時のレクサスの最高級グレードのロング仕様）を回収して神戸に乗って帰った。高尾社長も、すばやかった。ミウは当時、月家賃110万円の事務所を借りていましたが、30万円の物件を探してきて賃貸契約書を突きつけた。

お灸はバッチリ効いた。私が言っていないのに、宮下社長は自らの報酬を大幅に減額した。すると、それまで貸し渋っていた銀行も、経費を切り詰めた姿勢を評価。ようやく融資が下りて資金難を脱しました。

また、ムダな経費を絞る一方、社員とのランチ会を開くなど社内のコミュニケーション活性化に投資。社内の風通しがよくなったことで、いままで社長を白い目で見ていた社員も積極的に仕事をするようになりました。その結果、業績は右肩上がりです。

お金は、使い方によって「愛」にも「毒」にもなります。愛なら人が育ち、毒なら人が腐っていく。

宮下社長は、お金を毒から愛に変えて社員と銀行から信頼を勝ち取り、会社の業績を回復させた。会社の浮き沈みは、まさに**社長のお金の使い方次第**です。

出世する社員のお金の使い方

お金の使い方で運命が変わるのは、社員も同じです。

武蔵野には入社2年目で課長になった社員が5人います。課長になれば賞与が跳ね上がる。5人目となった日高歩美も、入社2年目で1回の賞与55万円を手にしました。

日高が偉かったのは、賞与を独り占めしなかったことです。日高が束ねるダスキンライフケア事業部府中ステーション部門にはスタッフが約70人いますが、**1個150円のシュークリームを人数分**買ってきて、みんなに配った。自分が昇進できたのは、スタッフの協力があってこそ。その感謝の気持ちを形で示した。

こうした心配りができると、スタッフもまた日高を盛り上げようと考える。それがまた好成績、賞与アップへとつながっていきます。

逆に、心配りができない社員もいました。武蔵野は社員旅行で毎回恒例のじゃんけん大会を行います。会社に届いたお中元を社員に売却したお金を普段から貯めておき、じゃんけん大会の優勝者が総取りする。優勝した社員にとっては臨時のビッグボーナスです。

とはいえ、〝カネの道理〟がわかっている社員は賞金を独り占めしません。今年（2018年）優勝した佐藤将太課長は、自分の賞金から各事業部に3万円ずつ配った。

しかし、数年前に優勝した一般社員は、賞金をすべて自分のものにした。そのこと自体は他の社員から責められることではありませんが、まわりに還元する気持ちがない自分本位の社員からは、自然と人が離れていく。結果的にその社員は2年後に辞めていきました。この社員はお金の使い方を誤って、**自分で自分をダメ**にしてしまった。

このことについては、私も責任を感じています。お金の使い方がまだわかっていない一般社員に分不相応の賞金を与えたのが、そもそもの間違いだった。「お金は愛」だとしても、**過保護になると本人が身を亡《ほろ》ぼす**。大いに反省して、それから一般社員は賞金3万円までのルールに変更しました。

入社2年目で課長になった社員も、途中で辞めていった社員も、同じ採用試験に合格してわが社の一員になりました。

しかし、お金の使い方が違えば、その後の人生も変わっていきます。「いかにしてお金を稼ぐか」を考えているうちは二流社員。**「稼いだお金をどう使うか」を考えるレベル**になって初めて一流社員となり、出世の道が拓けます。

愛があればこそお金が生きる

「お金は愛」です。

社員への愛情、家族への愛情、一緒に働く仲間たちへの愛情。それらをわかりやすく効果的に伝える最高の手段がお金です。だから社長はお金をしっかり稼ぎ、うまく使いこなさないといけない。それができない社長は、社員を愛していないのも同然です。


ただし、**勘違いに要注意**です。

「お金は愛」というと、「お金さえあげれば人の心は買える」と考えるダメ社長もいる。

文唱堂印刷株式会社（印刷、製本・東京都）を17年前に祖父から継いだ橋本唱市社長は、経営改革のため、環境整備等の改革を行いました。改革に協力する社員にはお金を出す方針にして実行した。つまりお金で社員を釣りました。

お金で人の心を釣ること自体は悪くありません。しかし、橋本社長はお金のベースにあるべき愛情がなかった。**愛は〝関心〟を持つこと**です。橋本社長は社員をお金で釣って社員に実行計画をつくらせているとき、自分自身は三社祭りに出てお神輿《みこし》を担ごうとしていた。そのような姿勢では社員がついてくるわけがない。改革をすればするほど、辞める社員が続出して、最盛期に350人いた社員が160人まで減ってしまいました。

お金は、あくまでも**愛情表現のツール**です。**根底に愛がなければ、ただの紙切れ**になる。橋本社長はそのことがわかっていなかった。

「まず社員の話に耳を傾けて、実行してくれた社員をほめちぎりなさい。社員に関心を持ってこそ、社員は喜び、社員に与えるお金も生きる」

このようにアドバイスしたところ、橋本社長は好きなお祭りを控えて社員の話を聞くようになった。いまは社員との関係性もよくなり、人が育ち始めて人が定着するようになった。

私は常々、わが社の社員に「お金で釣る」と言っています。それでも社員からひんしゅくを買わないのは、社員がお金の亡者だからではない。社長が自分たちに〝関心〟を持っているとわかっているから、お金を素直に受け取れる。

本書では、**社員や家族を幸せにするお金の使い方**をまとめました。

さらに、**お金に愛されるための習慣や金運を上げる方法**まで、お金にまつわるすべてのことを紹介しています。

公私にわたって幅広く触れているので、会社経営に悩む社長はもちろん、お金がないと嘆いているビジネスパーソンの方々の参考にもなります。

お金に関する哲学は人それぞれ。私の考えを押しつけるつもりはありません。

ただ、以前の武蔵野は「落ちこぼれ集団」だったが、いまでは人が辞めない会社になり、年商はこの1年間で15％伸びて70億円になった（１９８９年の社長就任時は7億円）。

経常利益は6億３０００万円。さらに、販促費として8億４９００万円を計上していますから、実質経常利益は**14億７９００万円**。目に見える売上高経常利益率は９％ですが、目に見えない実質的な売上高経常利益率は**21％**。この規模の売上でこの数字は異常かもしれません。

ただ、正直に言うと、販促費の大半はうまくいっていません。うまくいっているのは3割程度。プロ野球の首位打者と同じくらいの打率です。

でも、それでもいい。目先の利益に目がくらみ、お金を貯め込んで単年度の利益を出すより、**失敗を恐れず未来にどんどん投資**する。だからこそ、人が育ち、堅牢《けんろう》な利益体質になるのです。

お金の哲学は人それぞれですが、武蔵野のやり方は、自社だけでなく700社以上で確実に結果が出ています。それをどのように受け止めるのかは、読者のみなさんにお任せします。

末筆になりましたが、執筆のお手伝いをしてくださった村上敬《けい》さんと、執筆のチャンスをくださったダイヤモンド社の寺田庸二さんに心から感謝を申し上げます。

2018年12月吉日

株式会社武蔵野　代表取締役社長　小山　昇

目次

プロローグ　人を育てるお金、ダメにするお金

第1章　社員への「愛」はお金で示せ

お金と人材

お金と社員教育

第2章

デキる社長のお金の使い方

お金と経営

お金と金運

お金と時間

第4章

お金をうまく使えば家庭円満！

お金と子育て

お金と健康

第1章

社員への「愛」はお金で示せ

お金と給料

人の心はお金で買える⁉

社員に何か指示すれば、とりあえず「はい」と答えるものの、実際にはやらなかったり、適当に手を抜いたり――。

社員が自分の思うとおりに動いてくれずに、頭を悩ませている社長は多いでしょう。

しかし、社員を責めても仕方がありません。社員は面従腹背《めんじゅうふくはい》で、「やれ」と言ったことはやらず、「やるな」といったことを積極的にやる。中小企業においては、それが普通の正しい社員です。

武蔵野は２００４年まで、私のトップダウン経営でした。だから言うことを聞かない社員がいれば、頭をグーで撫《な》でてやって（笑）、直接指導することができた。

しかし、社員数が多くなると、私が隅々まで見るわけにはいかなくなります。長年続けてきた社員教育の成果で社員のレベルが上がってきたこともあり、2004年からはボトムアップ経営に切り替えて、私は全体方針の決定とチェックに集中しました。

ただ、「自分で考えて自由にやりなさい」と言えば、社員が自主的に働き始めると思うのは**大間違い**です。

教育の成果で自分の頭で考える力はついていても、心が動かなければ社員は自分から動かない。ボトムアップ経営をやるなら、社員が自分から動きたくなる〝仕掛け〟が必要です。

では、社員はどうすれば動くのか。

ズバリ、**お金**です。

社員がやったことに対して相応の対価を支払う――つまり、お金で釣ることで社員は動くのです。

武蔵野は、安心して生活設計できるように基本給を年功序列にしています。しかし、毎月の手当は、職務や部下の人数によって額が異なります。また、1回の賞与は成果次第で、ゼロもありえるし、逆に100万円を超えることもある。頑張らなくても最低限の生活は保障されますが、家に帰って家族に大きな顔をしたければ、頑張って成果を出すしかない。だからボトムアップ経営でも多くの社員は自ら動きます。

社員の夢は年収1000万円

人はパンのために生きているわけではない、と言う人もいるでしょう。

しかし、それは理想論にすぎると思います。

私は、本部長以上の幹部を集めて食事をする社長会を開いています。食事代は私のポケットマネーですが、**タダメシは人をダメにするから**、会費を5000円取ります。会費はまとめて専務の矢島茂人に渡して、2次会費用にします。

社長会は、ひとり3~5分で近況報告を行い、最後に私が話す。今年のお正月の社長会で、こう話しました。

「俺の目標は、ここに座っている全員を年収1000万円以上にすることだ」

参加者のうち、専務の矢島茂人は年収2500万～3000万円、常務の滝石洋子は1500万～2000万円、取締役の佐藤義昭は1000万～1500万円です。他にも1000万円を突破している社員がいますが、本部長の平均は1000万円に届いていない。それを大台に乗せることが目標だと、みんなの前で宣言しました。

すると、場の空気がバチッと変わりました。

それまでお正月気分でのんびり飲み食いしていた社員の目が、急にギラギラし始めました。

その様子を見て私は、「社員の夢は年収1000万円プレーヤーになることだ」と改めて認識しました。

もちろん、人生の究極の目的はお金を稼ぐことではありません。お金より大事なものは世の中にたくさんあります。

しかし、そういうことを言えるのは、年収1000万円を超えてからです。余裕を持って生活できて、将来の不安がなくなるレベルの年収を稼げるようになるまで、社員にとっては**お金が最大の関心事であり、最大のモチベーション**です。

だとするなら、お金で釣ることが社員のためになる。ちまたでは、夢や志を強調して低賃金で社員を働かせることを〝やりがい搾取〟と呼ぶそうですが、たしかにお金で釣らずにきれいごとで釣るのは悪質です。

「釣る」という表現が引っかかるなら、「報いる」でもいい。いずれにしてもお金で社員の気持ちにしっかり応《こた》えてあげる会社が、いい会社です。

頑張りによって賞与が40倍以上変わる！

社長は社員へ、愛をお金で示すべきです。

では、どのような仕組みで愛を示しているのか。

わが社の給料は等級制度をベースにしています。等級は、入社以来の過去の実績によって決まる。過去の実績で、長く勤めればおのずと基本給が上がる。つまり年功序列です。

武蔵野は成果主義の会社だと思われがちですが、毎月の給料が成果によって変動すると生活設計ができません。子どもが塾に行っているのに、「今月はお父さんの働きが悪かったから塾はお休み」というわけにはいかない。

毎月の給料を成果主義にすると、古参の社員が不満を溜めます。子どもが大学生のときが最もお金がかかるから、基本給は年功序列でケアすべきです。

とはいえ、**すべて年功序列にするのは逆に不公平**。

昇進に関しては徹底した実力主義です。優秀な社員なら勤続2年目（2等級）で課長になります。課長の仕事をしているのに給料が2等級では社員も納得できません。

そこで「どういう仕事をしているのか」の**職責に応じてグループ手当**をつけます。これで勤続年数が短い社員も、責任にふさわしい給料をもらえます。

一方、**賞与は成果主義**で、「今期はどれだけ頑張ったのか」の評価で額が決まります。

評価は、S、A、B、C、Dの5段階（3段階になるときもある）。職責のグループごとにS評価ならいくら、A評価ならいくらと額が決まっています。

取締役の佐藤義昭は、本部長だった当時、賞与が最も少ないときで10万円、最も多いときで**420万円**でした。同じ職責でも成果によって**賞与額が40倍以上違う**のだから、「出世したからもう大丈夫」と気を抜くわけにいかない。少しでも評価を上げようと、社員は目の色を変えて頑張ります。

ムラのある社員でもモチベーションを維持する仕組み

職責による差も大きい。武蔵野で「花の03組」と言われている2003年入社の4人組がいます。小嶺淳、松渕史郎、石橋伸介、玉井賢司です。

この4人はいいライバルで、4人の中で最も賞与額が多かったひとりが他の3人にごちそうする同期会を入社以来ずっと続けている。そうやって切磋琢磨しているからみんな出世は早く、現在、小嶺は本部長、他の3人は部長です。

小嶺、松渕に出遅れた石橋は、じつは能力がとても高い。しかし、気分屋のところがあって、頑張ってS評価を取るか、サボってD評価を取るかの両極端でした。SかDしかないから〝SDカード〟です（笑）。

その石橋が、小嶺に続いて松渕が部長になったことが悔《くや》しくて、やっと本気になり、とうとう課長でS評価を取った。これで部長昇進が確実です。このときの賞与額は75万円。石橋は「こんなにもらったのは初めてです」とほくほく顔でした。

ただ、私は緩み切った石橋の顔を見て、「次は気を抜いてまたDになる」と直感しました。そこで石橋に、松淵と小嶺の賞与を計算させることにしました。このとき、松渕はA評価。部長のA評価は100万円で、課長のS評価より高い。さらに、本部長の小嶺にいたってはS評価で、**230万円**もらっていました。

その額を知って、石橋の表情が一変。

「僕、絶対に本部長になります！」

一般社員と課長、課長と部長、部長と本部長では、賞与に**天と地ほどの開き**があります。その現実を突きつけられて、ムラのある社員がモチベーションを持続させた。お金で社員を焚《た》きつけた成果です。

給料は自分で計算させろ

ところで、石橋はなぜ自分や同期の賞与を計算できたのか。

評価基準や賃金テーブル、計算方法を含めた給料体系が**すべて社員に公開**されているからです。ただ公開しているだけでなく、**「給料体系勉強会」**を開いて積極的に教えて、給料は社員に自分で計算させています。

給料を計算して事務処理するのは総務の仕事です。しかし、総務の社員は自分の給料にしか興味がない。その証拠に、他の社員の給料計算は間違えても、自分のだけは決して間違えない。

社員に自分の給料を計算させてチェックさせるようになってから、給料に対する不満は大きく減りました。社員が給料に不満を持つのは、**自分の給料がどのように決まっているかを理解していないから**です。あらかじめ給料体系の詳細を公開していても、計算を人任せにしている限り、社員は理解しない。自分で実際に計算してみて、「これができなかったから今回は賞与が低かったのか」「同期でこれだけ差がついたのは、自分の職責が低いからか」と一応は納得します。

給料を自分で計算させるメリットは、納得感が高まることだけではありません。どのような条件をクリアすれば給料が上がるのかが理解できるから、**昇給に向けて具体的な努力**ができる。「頑張っていれば、いつか給料は上がるはず」と考えて漠然と努力するより、ずっといい。

社員には、自分だけでなく**上司の給料も計算**させます。計算すると、たいていの社員はこう驚く。

「あのバカ課長がこんなにもらってるのか……」

ヘタをすると給料制度への不満につながりかねませんが、不思議とそうなりません。

「あのレベルでこんなにもらえるなら、自分も頑張ろう」と、逆にやる気になる社員が大半です。

賞与は振込ではなく手渡し

年2回の賞与支給日、武蔵野の社内は少し浮き足立っています。

賞与の額に一喜一憂しているから？

いいえ、社員は自分で賞与の計算をしているので、自分がいくらもらえるのかをとっくに把握しています。

それでも気がそぞろなのは、**賞与が現金手渡し**だからです。ぶ厚い封筒を実際に手にした社員は自然とニコニコするし、封筒がペラペラだった社員は悔しそうな顔をしている。銀行振込では、ここまで表情が変わらない。**現金の威力**です。

なぜ賞与は現金で手渡しなのか。

ひとつは、**家庭内での地位向上**のためです。

いまのように銀行振込が一般的でない時代、社内で威張っていたのは、売上が一番多い営業マンではなく、お客様から回収してきた金額が最も多い営業マンでした。かつての家庭内も同じ。給料が銀行振込でなかった時代は、給料日に現金を持って帰ってくるお父さんが一番偉かった。

しかし、いまは時代が変わり、子どもは銀行からお金を引き出してくるお母さんが一番偉いと思っています。普段はそれでもかまいませんが、せめて年2回くらいはお父さんに花を持たせてやりたい。もちろん働くお母さんも同様です。稼いできた人が、それにふさわしい扱いを家庭内で受けられるように、現金で手渡ししているのです。

小山家は、妻が〝天皇陛下〟。私は普段、まったく頭が上がりません。ただ、**給料日は母娘で直立してお金を受け取っていた**。これも給料が現金だったおかげです。

給与を払うのはお客様、賞与を払うのは社長

賞与を手渡しするもうひとつの理由は、**感謝してもらう**ためです。

毎月の給料は、誰が誰に払っているのか。私は社会人になりたての頃、「お給料は社長が払っている」と思っていました。

しかし、**それは違う**。給料の原資は売上です。売上はお客様が商品やサービスを購入した対価ですから、給料はお客様が払ってくださる。だから社員は、給料日はお客様に感謝すべきです。

一方、**賞与は違います**。賞与の原資は利益であり、利益は社長が決定してつくります。ですから、極端なことを言えば、利益をすべて社員教育や研究開発に投資して、賞与をゼロにしてもいい。給料は法律上、社長が勝手に減額することができませんが、賞与は社長が好きに決められる。つまり**賞与を社員に払っているのは社長**です。

わが社ではこのように教育しているので、社長から賞与をもらっていることをみんな頭では理解しています。しかし、頭で理解していても、銀行振込では毎月の給料と同じで感謝の気持ちが芽生えにくい。そこで、社員に現金で手渡しして**社長からの愛情**を示し、社員たちはそれに応えて**社長に感謝**するわけです。

現金を目の当たりにすると、社員は本気になる

現金が放つ存在感は、普段の仕事でも活用していました。

かつて私は、新たに営業所をつくるときに、責任者を同行させていました。ある営業所の新規契約で必要だった金額は、保証金や家賃を含めて約1000万円。私は責任者だったSに1000万円を持たせて、不動産会社に同行しました。

不動産会社の担当者は、それだけの現金を扱ったことがなかったのでしょう。過度に緊張したのか、領収書の金額を書き間違えた。Sも動転していて、「書き間違えたなら、また今度でいい」と言う。

「現金1000万円のやりとりをするのに、領収書をその場でもらわないバカがどこにいるのか！」

私が一喝すると、不動産会社の社員もSもようやく我に返ったようで、その後はスムーズに進んで無事、契約に漕《こ》ぎつけました。

Sは新しい営業所を必死になって軌道に乗せました。死に物狂いで頑張ったのは、やはり**多額の現金を目の当たり**にしたからでしょう。

自分がヘマをすれば、この1000万円はムダになってしまうかもしれない。そんなことになれば、期待してくれた社長に顔向けができない――。

そうした思いがSに腹をくくらせました。

私は経営サポート会員企業の社長に、「社長ひとりだけ勉強しても会社はよくならない。幹部も勉強させろ」と説いています。アドバイスどおり、幹部に研修を受けさせる会社が増えてきましたが、なかにはもったいないやり方をしている会社もある。研修代を経理が銀行振込で払ってしまうのです。

理想は、**研修を受ける本人に現金を持たせて、銀行やＡＴＭから振り込ませる**（その途中に盗まれないよう万全を期す）。経理が払うと、社員は「面倒な研修に行かされる」という感覚にしかならない。しかし、ウン十万円の研修代を自分で振り込むと、「社長は自分にこれだけ期待しているのか。ムダにはできないぞ」と覚悟が決まる。

本人のやる気によって研修の効果は大きく変わります。当然、やる気になっている状態で受けたほうが、学習効果は高い。同じ額を社員教育につぎ込むなら、現金を使ってやる気を高めてからのほうがずっと賢いです。

〝有印私文書偽造〟で賞与ゼロ！

賞与の話に戻しましょう。

賞与額は評価によって変わるが、過去に2人だけ**賞与がゼロ**になった社員がいた。

武蔵野はさまざまな勉強会を社内で開いて、社員に学びの機会を提供しています。勉強会に出席すると、100回帳に私のハンコが捺《お》されて、ハンコが100個貯まれば5万円分の旅行券と交換できる。その他、勉強会の出席率は賞与の評価にも影響します。これらもお金で釣る仕組みのひとつです。

船木友和は、この**ハンコを偽造**した。ハンコは「小山」のハンコを使いますが、似た印影のものを作成して自分で捺した。なかなかよく考えましたが、詰めが甘かった。私の本当のハンコは何千回と捺したため、少しずつ表面がつぶれて印影が太くなっています。しかし、船木の100回帳は印影が細いまま。仕事が中途半端な社員は、悪いことをやっても中途半端です（笑）。

社内の話ですが、刑事事件になれば有印私文書偽造。懲戒対象になってもおかしくないレベルです。しかし始末書4枚＝賞与ゼロで勘弁しておきました。

もうひとりは曽我公太郎です。曽我は大きな失敗をしたわけではないが、給料体系を変えたときに新体系で計算したら、**ただひとり、1000円以下**になった。賞与を現金で手渡しするのに、曽我に手渡しするお札がない。それで、カラの封筒に名前を書いて渡しました。

曽我は社内結婚で、奥さんの曽我都生子《ともこ》も賞与が半分になったことがあります。曽我都生子は、部下の不始末の流れ弾《だま》に当たって始末書2枚になり、賞与が半額になった。武蔵野には社内結婚した社員が大勢いますが、夫婦そろって部長で賞与ゼロや半額の痛みを知っているのは曽我家だけ。大した夫婦です。

曽我も舩木も、賞与がゼロになってガッカリしたでしょう。しかし、2人とも辞めずに頑張っている。それは頑張って結果を出せば、いくらでも挽回できることを知っているからです。

曽我は賞与ゼロの次の期に奮起してA評価を、船木にいたってはS評価を取った。賞与も評価にふさわしい額をもらっている。このように、結果次第で復活できる仕組みになっているから、社員も泣き言を言いません。

社員が喜ぶのは、退職金より「定年なし」

武蔵野には退職金がありません。退職金がないのは、社員に愛情がないから？　とんでもない。**その逆**です。わが社に退職金制度はありませんが、その代わり、働きたければ死ぬまで働いていい。定年後の再雇用制度を65歳までとしている会社が多いですが、武蔵野は60歳定年制で、希望者は再雇用して、その後はお客様に評価されれば、好きなだけ会社に居続けられます。

退職金で２０００万円もらっても、年収６００万円の社員なら3年強でなくなってしまいます。年金を繰り上げ支給してもらって生活費の足しにするとしても、5年で退職金は消えてしまうでしょう。

それなら、働き続けて安定収入を得たほうがいい。実際、斉藤健一、伊藤修二、狐塚富夫《きつねづかとみお》は、法律で義務化されている65歳までの再雇用期間が終わっても、本人たちが引き続き再雇用を希望したので、ずっと働き続けている。斉藤は今年72歳ですが、現役世代より元気なくらいです。

〝居る気〟から〝やる気〟になった古参社員

昔はわが社も、「退職金をもらって早くリタイアしたい」と言う社員が多かったように思います。しかし、〝人生100年時代〟と言われるようになって、社員の意識が変わってきました。

驚いたのは、古参社員のひとり、大崎寿行が**〝居る気〟**から**〝やる気〟**になったことです。大崎は1991年度入社で、当時としては過去最高学歴の持ち主。しかし、若い頃に病気を患《わずら》ったこともあり、ほどほどにしか頑張らず、会社に席があって最低限の給料だけもらえればいいという**〝居る気〟社員**でした。

昔の武蔵野は超ブラック企業でしたが、大崎は定時でタイムカードを押して帰り、土日も絶対に出勤しなかった。**ひとりホワイト社員**でした（笑）。

もちろん、万年平社員ですが、私はそれでもいいと思っていました。もし大崎をクビにしたら、頑張っている他の社員がビリになってしまう。大崎のように出世をあきらめている社員がビリにいたほうが、組織は丸く収まります。

ところが、昨年、私が「平社員は再雇用しない」と冗談で言ったら、目の色が変わった。そのとき大崎は57歳。3年以内に課長にならないと再雇用してもらえないと〝勘違い〟して、急に日曜の研修に出席し始めた（日曜の研修出席者は平日に代休）。

私は、「大崎は早く定年を迎えてのんびりしたいタイプ」だろうと思っていました。実際、昔はそうだったのでしょう。しかし、人生100年時代になると、第二の人生の生活設計を否が応でも考えざるをえなくなる。大崎は定年後もできるだけ会社に居続けたいと考え、急に**〝やる気〟社員**になった。

今年、大崎は念願の課長になりました。もともと潜在能力はあっただけに、やる気になれば結果を出せる。社長としてはもっと早くやる気になってほしかったですが、定年間際になってお尻に火がつくまで本気になれなかったのでしょう。

さらに悪影響が出始めました（笑）。〝居る気〟と〝手抜き〟を兼ね備えた境幸二（48歳）が課長を目指しだした。

いまの時代、社員が喜ぶのは**目先の退職金より長期の再雇用制度**です。退職金より、なるべく長く雇ってあげたほうが社員の幸せにつながります。

晴れの舞台で社長賞授賞式

社員をお金で釣ろうにも、給料体系にいますぐ手を入れるのは難しい会社もあるでしょう。その場合でも、手っ取り早く社員をお金で釣る方法があります。

社長賞などの**各種表彰制度**です。

武蔵野は毎年、「社長賞」を1名選びます。決めるのは役員会です。賞金は5万円とラスベガス旅行、そして基本給が5号俸（部長職なら毎月1万3450円）アップします。

社長賞とは別に、投票で選ばれる「優秀社員賞」もあります。まず、各部門長が選出した社員を候補としてノミネート。本部長職（5グループ）以上がひとり2票を持って投票し、最多の2名が優秀社員賞に輝きます。これらは賞金が3万円とラスベガス旅行、そして基本給が5号俸アップします。

社長賞と優秀社員賞の発表は、年1回の経営計画発表会で行います。経営計画発表会はわが社の全社員だけでなく、銀行支店長などの来賓も出席する。その前で表彰されるのは、このうえなく名誉なこと。お金だけでなく**晴れの舞台に上げてあげる**ことも社員のモチベーションにつながります。

大森隆宏本部長と海老岡修部長は、2つの賞を受賞して8号俸アップ。大森は毎月2万8960円、海老岡は1万7200円アップしました。

MVPに600万円、1泊130万円のドバイ七ツ星スイート

わが社より派手な社員表彰を行っているのが、株式会社アップルパーク（駐車場運営・東京都）の山中直樹社長です。営業のインセンティブ表彰は年1回で、トップの成績をあげた営業マンがMVPになる。MVPには、プロレスのチャンピオンベルトを製造してい

るメーカーに同じものを頼んでつくってもらった特製ベルトが贈られます。

もちろん、**現金でも愛情**を示しています。インセンティブなので額は成績によって変わりますが、去年は600万円。ボーナスはまた別にあるので、MVPにはボーナスと合わせ2か月で800万円の現金が転がり込んだ。額があまりにも大きいので社員の金銭感覚が狂わないか心配ですが、そこは山中社長がうまくケアしています。

その他、優秀チームにもインセンティブが配られ、総額で800万円の大盤振る舞いです。現金を表彰式会場に運び入れるときはジュラルミンのケースを使ったというから本格的です。

社員を元気づけ、やる気にさせたアップルパークは、2015年、一般社団法人東京都信用金庫協会から**「優秀賞」**を受賞。**5年連続増収増益**です。

株式会社アースコム（再生可能エネルギー促進・埼玉県）の丸林信宏社長も社長賞の豪華さで引けを取りません。

「去年、ドバイでソーラーの展示会があったので、研修がてら、社長賞・優秀社員賞は副賞としてドバイに連れていきました。宿泊はドバイの七ツ星ホテルのスイート。宿泊代金は**1泊130万円**で、部屋の中にらせん階段があり、社員はボウ然としていました（笑）。小山さんはよく**『モノより体験』**と言いますが、社員は一生記憶に残る体験ができたのではないかと思います」（丸林社長）

たしかに七ツ星ホテルのスイートは、現金以上にインパクトが大きい。連れていってもらった社員たちは、社長の愛情をひしひしと感じたことでしょう。

社長賞でやってはいけないこと

社長賞について、やってはいけないことがひとつあります。

それは**「該当者なし」**です。

社長賞は社長の独断で決めている会社が多いでしょう。それ自体はかまいませんが、気まぐれで該当者なしにしたり、絶対評価で基準を満たさないから該当者なしにしたりすると、社員がシラケます。社員がシラケると、賞を設けたことが**逆効果**になる。

プロ野球の首位打者やホームラン王といったタイトルを考えてみてください。打率3割に満たなくても打率トップなら首位打者になるし、ホームラン30本でもそれがリーグ最多ならホームラン王です。「今年は低調だから首位打者やホームラン王もなし」となったら、選手はやる気を失ってますます低調になるでしょう。

また、**「今年は利益が少ないから該当者なしや賞金ゼロにする」というのもダメ**。あらかじめ選考基準と賞金が明確になっていてこそ、社員は賞を目指します。後出しじゃんけんは厳禁です。

お金と人材

販売戦略より「人材戦略」にお金を使え

会社を成長させるためには、ひとつでも多くの商品やサービスを売らなくては——。

もしいま、社長がそのように考えているとしたら、**その会社は危ない**。時代が変わっているのに、社長がそのことに気づいていないからです。

バブル崩壊以降、市場が頭打ちになっていた約20年間は、限られたパイをみんなで奪い合わなくてはいけませんでした。シェア争いに勝つには、ひとつでも多く売らなくてはいけません。会社の命運を握っていたのは、まさしく販売戦略でした。

ところが、2014年4月の消費税率引き上げで潮目が変わりました。

じつは日本では2005年から、亡くなる人の数が生まれてくる人の数を上回るようになりました。今後、外国人労働者を大量に受け入れるなどの対策を取らない限り、少なく見ても40年間は人口減少が続きます。残念ながら、これは動かしがたい現実です。

人口が減れば景気は悪くなります。日本が好景気に沸いたのは、第一次と第二次のベビーブーム、つまり人口が増えた時期です。これからは人口が減るのだから、長期的に景気がよくなるわけがない。これも歴史が証明している現実です。

人口と仕事が同じように縮小していくなら、全体のサイズが小さくなるだけなので戦略を変える必要はありません。

ところが、消費税率が引き上げられて変化が生じました。政府は増税したお金を何に使ったか。国債の償還と株価対策と公共事業です。公共事業が多くなれば仕事は増えます。仕事が増えれば会社の業績がよくなり、株価対策になる。本来、人口が減れば景気は悪化するのに、禁じ手を使って逆に景気をよくしている。

この不自然な状態が引き起こしたのが、史上空前の人手不足。〝人手不足倒産が過去最多ペース〟と大きな話題になっていますが、仕事が増えているのに人口は減っているのだから当然です。

人手不足の時代に生き延びる会社は、人の取り合いに勝つ会社、つまり**人材戦略**が巧《たく》みな会社です。

ヤマト運輸はA社の仕事を減らして、時間指定配達も一部やめた。社員の負担を減らして人員を確保するためです。

これまでは、放っておいてもアルバイト志望の人が殺到していたオリエンタルランド（東京ディズニーリゾートを運営）も、人気業種だからといってふんぞり返っていられない時代になった。

それなのに、販売戦略を最優先にしてどうするのか。

優《すぐ》れた販売戦略があっても、それを実行する人がいなければ意味がありません。

多く売るに越したことはありませんが、**優先順位は販売戦略より人材戦略**。ここを間違える社長は、社員を路頭に迷わせる可能性が大です。

では、中小企業が取るべき人材戦略とは、どのようなものでしょうか。

基本は社員の給料をよくすることですが、じつは他にも**人材確保に有効なお金の使い道**

があります。それらを具体的に解説していきましょう。

採用費をケチってはいけない

武蔵野は正社員だけでなく、パートやアルバイトにも合計でiPadを670台投入しています。

iPadを支給するのは業務効率化のためです。仕事はバトンリレー。正社員だけ効率化しても、パートやアルバイトのところで止まってしまうと、全体の効率化ができません。全員がiPadを使いこなすと、仕事はサクサク進みます。

正社員やパート、アルバイトだけでなく、**内定者の学生にもiPadを支給**しています。残業代削減につながる社員に配るのは理解できても、まだ業務に携わっていない内定者に配る理由がわからない方もいるでしょう。

理由は2つあります。まず入社後、**すぐに使いこなせるようになってほしい**から。もともと社員に支給しているiPadは、私用で使ってもOKです。内定者も入社前に私用でたくさん触れておけば、入社後に即戦力になる。いわば先行投資です。

もうひとつは、**採用活動のエサ**になるからです。いまの学生はタブレット端末に興味があるものの、稼ぎが少ないからスマホを1台持つので精一杯。iPadが支給されると聞けば、喜んで応募してくる。

そんなことをしたらお金がかかって仕方がない、と思うかもしれませんが、支給するのは応募者全員ではなく内定者だけです。しかも、内定者が正式入社すればどちらにしても支給するから、かかる費用は変わりません。それで採用しやすくなるなら、前倒しで支給しても損はありません。

そもそも、いまは採用費をケチッている場合ではありません。

武蔵野は2017年2月、JR新宿駅直結のミライナタワー10階にセミナールームを開きました。家賃はかなり高いです。それまでわが社が新宿周辺で借りていた複数のセミナールームの使用料合計の1・5倍を上回る額です。

それでも借りることにしたのは、採用活動にも一役買うと判断したからです。それまで会社説明会は東京・東小金井の本社で行っていましたが、ミライナタワーでやるようになったら、毎回、**過去最高人数の学生**が集まった。ＪＲ新宿駅直結15秒という立地のよさが効いたのでしょう。

ミライナタワーは見晴らしがよく、天気がいい日は東京スカイツリーが見えます。普段はブラインドを下ろしていますが、会社説明会では全開にしてわざと東京スカイツリーが見えるようにしておく。学生はそれだけでも会社にいいイメージを抱いてくれます。

２０１８年度採用の26人は、12月まで内定辞退ゼロでした。1月にひとりが辞退して、追加で内定を出したので、採用計画どおりの人数は確保できました。売り手市場の中できちんと人材を確保できたのは、iPad支給やミライナタワーに象徴されるように、採用にきっちりお金をかけてきたからです。

紹介料30万円を3回に分けて払った賢い社長

タブレット端末や都心のオフィスで応募者を釣るのではなく、既存の社員をお金で釣って採用を増やしている会社もあります。

運送業界は、現在まさにドライバー不足が深刻化しています。しかし、池畑運送株式会社（運送・三重県）は、２０１３年からの5年間で77人を雇った。正社員が１７４人の会社で、４割以上は入社5年以内。人が増えているので、人手不足が事業拡大の足を引っ張ることもない。業績も絶好調です。

どうして多くの社員を採用できたのか。

社員紹介制度を充実させ、知り合いを入社させた社員に大盤振る舞いしたからです。

池畑弘樹社長は、従来から社員紹介制度を導入していました。しかし、紹介料の額は計３万円。この額では誰も積極的にリクルートしようとしません。

そこで私は、「効果が出るまで額を上げていけ」とアドバイス。池畑社長は**紹介料30万円**を払うようにしました。

すると、社員がこぞって他社の社員に声をかけるようになった。最も多い社員は、ひとりで８人を連れてきました。その社員は、社員紹介制度で**２４０万円**稼いだことになります。

２４０万円も払うのはもったいない、と考える社長はダメです。

池畑社長は、「２００万円かけて求人広告を打ったのに、ひとりも採用できなかった」

経験もしています。２００万円でゼロ、２４０万円で８人なら、後者がいいことはすぐわかる。

池畑社長が賢かったのは、紹介料を一括払いにせず、入社させたら10万円、半年続いたら10万円、１年続いたら10万円と、**３回に分けて払う**ようにしたことでしょう。

せっかく入社してもすぐ辞めてしまっては、採用費や教育費がムダになります。３回に分けて払えば、紹介者も自分が連れてきた社員のケアをするから、そう簡単に辞めません。

実際、ここ数年は毎年18人前後を採用して、１年経たずに退職したのは３人ほど。人材の流動性が非常に高い運送業界では驚異的な数字です。

学校をつくって社員を青田買いする

採用のために学校まで建ててしまったのは、株式会社リビアス（理美容・大阪府）の大西昌宏社長です。

リビアスは積極的な店舗展開を行い、**売上を７年で３倍**に伸ばした。現在、店舗数は全国で254ですが、直営店を毎年**25店**ペースで増やしていき、フランチャイズ店を含め**今後5年で500店舗以上**を目指す計画です。

この勢いを支えているのが、自前の理容師美容師養成校です。

理容師や美容師は国家資格。従来は文部科学省管轄の専門学校を卒業しないと資格が取れませんでしたが、規制緩和で厚生労働省管轄の理容師美容師養成校でも試験に合格すれば資格を取れるようになりました。大西社長は、その養成校を初期費用**約6000万円**でつくった。

仕組みはこうです。リビアスは、理美容師になりたい学生を社員として雇用。昼間は養成校で資格取得の勉強をして、平日は夕方から約3時間、週末はフルタイムで店舗で働いてもらう。

社員なので給料が出て、初任給は約20万円。一方、学費は2年間で150万円。2年間の給料約480万円から学費を差し引くと、330万円が残る（学費は月2万～3万円の分割払い可なので、資格取得前も生活費は十分に残る）。

専門学校に通うと、学費で300万～400万円（2年間）かかります。それに対して、リビアスは**勉強しながら逆にお金がもらえる**。だから、理美容師志望の学生がどんどん集まってくる。

養成校設立の初期費用と、資格取得前に2年間払い続ける給料を考えると、相当な額の投資になります。しかし、人材供給が安定して出店スピードが増した効果で、直近の売上は**36億円**で億単位で増えている。もう十分に元が取れています。

採用対象になる学生をお金で直接釣る手もあれば、社員紹介制度や学校設立など採用の仕組みにお金をかけて人手を確保する方法もあります。自社の状況に合わせて、最も効果的なお金の使い方を考えたいところです。

お金がかからない採用活動のコツ

お金がかからない採用活動のコツも、ひとつ紹介しておきましょう。

それは、**会社説明会で社長が直接、学生に語りかける**ことです。

普通の会社説明会は、人事部長や担当者が会社の魅力を説明します。ただ、人事部長レ

会社説明会で社長自ら話す（新宿セミナールーム）

ベルだと、会社のホームページに載っている程度のことしか話せない。説得力を持って会社の将来像やビジョンを語れるのは社長です。学生に会社の魅力をアピールしたいなら、社長が自分の言葉で話したほうがいい。

ただし、自分の話したいことだけを話していると、**社長が直接話す効果が半減**します。私は毎年、会社説明会で壇上に立ちます。伝えたい内容は基本的に同じで、14年前につくったスピーチ原稿を使っています。しかし、学生が聞きたいことは時代によって変わる。それに合わせて話す内容も毎年少しずつ変えているから、学生も真剣に耳を傾ける。他の会社説明会は寝ている学生が多いそうですが、武蔵野の会社説明会で寝ている学生はひとりもいません。いたら追い出すからでもありますが（笑）。

大切なのは、**学生が何を聞きたいのかを知る**ことです。

内定者は、入社前に1日、私のかばん持ちをすることが義務づけられています。経営サポート会員向けのかばん持ちは、1日36万円で予約が2年先までいっぱいになる人気のプログラム。それを内定者には、お金を取らずに同じように受けさせます。

社長たちは経営者としての気づきを得ようと貪欲にかばん持ちをしますが、内定者にそんなことは求めていません。内定者に知ってほしいのは、武蔵野のあるがままの姿。私に同行することで、社長がどのような仕事をしているのかを肌で感じてもらいます。

じつは、内定者のかばん持ちには、目的がもうひとつあります。**情報収集**です。

といっても、私から質問するわけではありません。かばん持ちのとき、私は学生に「何でも好きなことを質問していいから」と話す。学生は50個くらいの質問を用意していますが、その質問内容で、学生がいま何に関心を持っているのかがわかります。

昔は「いくら稼げるのか」「何年で課長になれるのか」といった質問が多かったが、最近は「残業はどれくらいか」など、働き方に関する質問が増えました。また、なぜか私のプライベートに関する質問も目立ちます。「仕事のない日曜日は何をしていますか」。そんなことを聞いてどうするのかと思いますが、包み隠さず「パチンコと競馬」と答えています。

理由はともかく、学生が知りたいことがわかればいい。それを会社説明会のときに盛り込めば、学生の食いつき具合が変わります。

実際に学生に響いたかどうかは、入社後に行われる第1回目の懇親会で私が新入社員と直接話して確かめます。最近なら**「失敗を評価する」「家族の犠牲のもとに会社が発展しなくてもいい」**といった言葉が響いたという。これらの言葉は、次の会社説明会でも強調して話すことになります。

入社前に「何が響いたか」と聞くことはありません。入社前は内定者もまだ猫をかぶっていて本音を明かしません。内定者は、実際に入社して内定取り消しリスクがなくなってから、ようやく本当のことを話す。だから質問するのは4月1日以降がいい。

会社の仕組みは若い世代に合わせる

内定者から情報収集した内容は、採用活動だけでなく入社後のマネジメントにも活かします。かつての武蔵野は、自社の価値観に合う人だけを選んで採用していました。

いまは逆です。若い世代の価値観に合わせて、会社の仕組みを変えています。

残業を減らしたり、有給休暇を強制的に取得させる仕組みに変えたりしたのも、若い世代の価値観に合わせたからです。

営業も個人戦から3人一組のチーム戦に変えました。昔は前に触れた「花の03組」(2003年度入社組)の4人のように、同期は互いに強烈なライバル意識を持っていましたが、いまはみんなで一緒に仲よくゴールインしたがる。だから同程度の実力の3人をくっつけて、**競い合うより支え合う形**で営業をやらせています。

お金で釣る方法も価値観の変化に合わせて工夫が必要です。

いまは少子化でひとりっ子や2人きょうだいが多い。子どもたち同士で遊ぶよりお母さんと一緒にいる時間が長いので、女性の文化の影響を色濃く受けます。お金の面でいうと、女性は割り勘文化。奢《おご》り、奢られの男性社会と違って、お金の分配や負担も平等に分け合うことをよしとします。

いまの若い世代は割り勘文化で育ってきたから、賞金やインセンティブもシェアしたほうが喜ばれる。だから本当はチーム内で優劣があっても、3人で分け合う形にしています。

残業削減もお金で釣る

若い世代にとって残業は「悪」です。武蔵野はそれに合わせて、かつてひとり当たり平均月76時間に達していた残業時間を、いまでは17時間まで減らしました。

残業を劇的に減らすことができた背景にも、やはり「お金」があります。

若い世代は残業を嫌いますが、子どもがいる中堅社員はむしろ残業をありがたがる。残業手当で生活が支えられている面があるからです。そこにメスを入れないまま、「残業を減らせ」と言っても中堅社員は聞きません。

そこで残業時間と賞与を結びつけて、**売上を下げずに残業時間を減らしたら、賞与を120%にするルール**にしました。また、時給で働くパートやアルバイトは残業削減が収入減に直結するため、**残業時間が月50時間以内なら賞与を200%**にした。これなら可処分所得が減る心配をせずに残業削減に取り組めます。

2017年度の賞与総額は前期比**157%**です。原資は残業時間の減少で捻出しました。

高井製作所（豆腐製造機・石川県）の高井東一郎社長も、お金をうまく使って残業時間を激減させました。

残業時間を減らす原動力になったのは、地道なカイゼン活動です。カイゼン提案を賞与と連動させたり、半年に一度コンテストを行い、1位になったグループには特上ランチ、2位には上ランチ、3位には並ランチをごちそうしたりするようになったら、カイゼン活動の数が急増。いまでは**年間2000件**が社員たちから上がってきます。

また、iPad効果も大きい。当初は課長以上に持たせていただけでしたが、業務効率化の効果を実感して、支給を全社員へと拡大しました。

これらの成果で、残業時間はピークより**約3割削減**された。もともと退職者が少ない会社でしたが、いまはさらに**離職率も改善**されています。人が辞めないから**売上は3年前と比べて1・5倍**に伸びている。人材戦略に成功すれば、結果的に業績も上向きます。

山口臣賢《とみまさ》社長率いる株式会社ヤマデン（プラスチック加工・東京都）もそうです。日本のものづくりは優秀。ヤマデンの工場もカイゼン文化が根づいており、放っておいても、社員からカイゼンの提案が上がってきました。ただ、意欲的なのは工場だけ。事務系社員に声をかけても、一向に提案が上がってこない状況だった。

そこで山口社長は、毎月、**「現玉《げんだま》作戦」**と名づけたコンテストを開催。カイゼン結果を社員が見て回って、ひとりずつ３００円分の硬貨とともに投票。集めたお金は1～3位の人に分配する仕組みです。

これをやり始めてから、工場だけでなく、事務系でもカイゼンがどんどん行われるようになりました。それまでキーボードで手打ちしていた入力作業の一部を、バーコードリーダーで読み込ませる仕組みに変更。これ自体は小さなカイゼンですが、それらが積み重なった結果、残業が大幅に減って社員の定着率もよくなりました。

コミュニケーション費は年間5200万円

社員は給料や残業などの「条件」を見て入社を決めます。

では、辞めるときは何がきっかけになるか。

「人間関係」です。

給料がよくて残業が少なくても、職場の人間関係が悪いと、社員はストレスを溜めて辞めます。逆に、給料が安くて残業が多くても、人間関係がよければ社員は我慢する。もちろん、給料増と残業減の努力は大事ですが、最優先で取り組むべきは、社員間のコミュニケーションを活性化させ、**職場の風通しをよくする**こと。それが離職率を下げる最大のコツです。

武蔵野の社員が辞めないのは、懇親会を数多く開いて社内のコミュニケーションを密にしているからです。

経営計画書の「コミュニケーションに関する方針」には、次の懇親会の開催を義務づけたり、参加を推奨したりしています。部門懇親会、社長との食事会、社長への質問会、グループ懇親会、頑張ったアルバイト懇親会、サシ飲み（上司と部下のマンツーマン）、夢の共有（異なる部門の上司と部下のサシ飲み）。これらの懇親会には何らかの形で手当を支給しています。

懇親会（2500万円）の他に、部門旅行（1100万円）、社員旅行（1600万円）といったイベントもあります。これらコミュニケーションに関する施策にかける費用は**年間5200万円**。小さな額ではないですが、それによって社員同士の絆が深まって退職者が減るなら安いものです。

飲みニケーションにもルールがある

懇親会にそんなに効果があるとは信じがたい。実際、うちも懇親会をよく開いているが、人が次々に辞めていく――。

そんな疑問を抱く社長がいるかもしれません。

もし懇親会をやっても人が辞めていくなら、それはおそらく懇親会がただの飲み会になっているからです。

ただの飲み会だと、社長は語るし、上司は自慢話ばかりするし、内向的な社員はひたすら料理を食べるだけになる。プライベートの飲み会でどのように飲もうと個人の勝手ですが、会社からお金を出す懇親会ではまずい。

私は、**懇親会を福利厚生ではなく教育研修**として位置づけています。だから他の研修プログラムと同じく、**懇親会にもマニュアル**が用意されています。人数や席次、チェックイン（近況報告）のやり方も決まっている。それに沿って懇親会を進めれば、立場や性格に関係なく、みんながコミュニケーションを取れます。

経営サポート会員の社長から「武蔵野流の懇親会を知りたい」という声を聞き、今年から新たに「コミュニケーション実践塾」を開講しました。各種懇親会だけでなく、社員旅行などの社内イベントについてもノウハウを公開しています。定員は10人、料金は飛び飛びの6日で270万円（税込）ですが、1回目はすぐ満席になった。それだけ社内コミュニケーションに悩んでいる社長は多いのでしょう。

コミュニケーション実践塾に参加した社長は、武蔵野の懇親会を実際に見学して、社員に質問することができます。このプログラムをつくったとき、社員から「見られていると、サル山のサルになったような気がしてリラックスして飲めない」と文句が出た。

「バカヤロウ、サル山のサルじゃお金を取れないよ。すぐに満席になったのだから、君たちは上野動物園のパンダより人気がある。光栄に思いなさい！」

こう説得したら、文句たらたらだった社員も、まんざらではない顔になった。乗せられやすい社員で助かりました（笑）。

社長は外で飲むより社員と飲め

社長はトップ営業で取引先とお酒を飲む機会も多いでしょう。

しかし、外で飲むことに熱心になるあまり、社員との飲みニケーションをないがしろにしてはいけない。

株式会社日進観光（アミューズメント・福岡県）の宮本敏憲社長は、取引先とばかり飲んでいたので、「お金を使って飲むなら、自社の社員と飲んでお金を使え」とアドバイスしました。

宮本社長は素直に聞いて、役職別に社長と社員の懇親会を開催。懇親会をやるようになってから社員への関心が深まって、「いままでは気にしていなかった社員の誕生日や家族構成にも気を配るようになった」と言います。

社員と飲むことが大切だといっても、社長が一方的に話すような飲みニケーションではいけない。

本書冒頭で登場した株式会社ミウの宮下社長は、自分のポケットマネーで社員とサシ飲みしていました。しかし、調子のいい性格で、聞き役に徹することができず、自分ばかり話してしまう。社員からすると、タダ酒のために、ひたすら我慢する時間になっていた。これでは、生き金どころか**死に金**です。

私は年4回、「社長と食事会」をやります。参加者は、幹事プラス社員4人の少人数制。参加者は公募で幹事が選びますが、いつも定員の何倍もの応募がある。

なぜかというと、私に質問ができるからです。

「いまの部署で結果を出すにはどうすればいいのか」

「上司とうまくやるにはどうすればいいか」

「自分のＥＧ（会社で受けさせている適性診断テスト）はどうか」

といった仕事関係の悩みから、

「妻とコミュニケーションをうまく取りたい」

「なぜ彼女ができないのか」

「貯金ができない」

といったプライベートの悩みまで、聞きたいことを何でも聞ける。自分のことを一方的に話す社長とは正反対のことをやっているので、社員に人気があります。


「社長と食事会」の会費は５０００円です。１次会の支払いは私です。集めた会費は幹事に渡し、私が帰った後の２次会の費用にしてもらう。

そんな面倒なやりとりをするなら、最初からタダにすればいいではないか、と考える社長は甘い。完全にタダだと、社員に当事者意識が芽生えないからです。

一方、**一度でも自分の財布からお金を払うと、「元を取ろう」と考えて積極的に会話に**

関わってくるようになる。

昔の名称は「社長と食事会」ではなく、「社長と飲み歩き会」でした。時代が変わってお酒を積極的に飲まない社員も増えてきたので、敷居を下げるために名前を変えました。ミウの宮下社長も、サシ飲みをやめて、**「社員とのランチ会」**に変えました。ランチなら酔っぱらって調子に乗ることがないので、聞き役に徹することができる。お酒が苦手な社員も参加しやすく、社員から好評のようです。

「辞める社員は引き留めない」を180度変えたワケ

社員が辞めると言い出したら、どうするか。

かつての武蔵野には、「入社5年以上の社員を引き留《と》めたら始末書」のルールがありました。

理由は2つあります。ひとつは、どうせ辞めるから。入社5年以上の社員は、わが社のいいところも悪いところも知っている。そのうえで辞める判断をしたから、もともと合わない面があった。慰留すれば1年持つかもしれませんが、3年は持たないでしょう。

逆に、まだ酸《す》いも甘いも知らない入社5年未満の社員は全力で引き留めます。仕事をしていくうちに、武蔵野で働く楽しさやメリットに気づく可能性が高いからです。

中堅以上の社員を引き留めなかったもうひとつの理由は、上の社員が抜けると**下の社員が育つ**からです。

武蔵野が売上30億円だった頃、ナンバー2の役員が辞めました。経営サポート会員の社長からは「業績が下がるんじゃないですか」と言われました。さすがその社長は慧眼《けいがん》で、半年間は業績が落ちました。

ところが、その後は業績が伸び続けて、いまや売上70億円に達しています。なぜか。

ナンバー2が抜けた穴を埋めるため、西野與一（故人）を役員にしました。「西野が役員になれるなら俺だって」と、その下の佐藤義昭が頑張り始めた。そうやって下の社員が上を目指すようになり、会社全体が活性化しました。

このように武蔵野は「去る者は追わず」でやってきましたが、いまは方針を180度変えました。

「入社年数にかかわらず、辞意を漏らした社員を引き留めなければ始末書」です。

先ほど指摘したように、いまは人口が減り、仕事が増えています。人口が減れば、人の補充は難しくなる。また、仕事が増えると、新たに管理職が必要になります。上の社員が抜けなくても下の社員が出世できるから、上が辞めるメリットも小さい。よって、いまは全力で引き留めています。

一度辞めると言い出した社員はどうせ辞めると言いましたが、それは会社が変わらない場合です。いま武蔵野は超ブラック企業から超ホワイト企業になった。さらに白くしようとさまざまな取り組みを続けています。会社が変わっていけば、辞めようと思った社員の気持ちも当然変わります。

借金漬けの社員をどこまで救うべきか

武蔵野は、**「社員が病気になってもお見舞い禁止」**です。

冷たい会社だと思われるかもしれませんが、これはむしろ私の温情処置。社員のためを思ってつくったルールです。

お恥ずかしい話ですが、昔の武蔵野にはお酒を飲んで暴れて留置場に入れられる社員が何人もいました。パトカーをひっくり返した社員もいました。

警察のお世話になった社員は、累計で十数人はいるでしょうか。最近はめっきり減りましたが、いまでも数年に一回は警察のご厄介になります。

留置場に入れられると、社員は当然出社できません。その理由をみんなに明かしてしまうと、本人は戻ってきにくい。だから「○○さんは病気で緊急入院」と社内に発表する。お見舞い禁止なので、バレずに復帰できます。

こうやって種を明かすと、今度は「悪いことをした社員に甘すぎる」と批判を受けそうです。しかし、**「人は教育で変わる」**が私の信念です。更生できると判断すれば、その機会をできるだけ与えてやりたい。コンプライアンス全盛の時代ですが、そこは変えずにやっていきます。

更生できるかどうかの判断が難しいのは、消費者金融で多額の借金をつくってしまった社員です。

消費者金融の規制が緩かった時代、わが社にも借金でクビが回らなくなった社員が続出しました。そのたびに私が消費者金融と交渉して、**払える額まで毎月の支払金額の減額交渉**をした。消費者金融にとっても、不良債権化するより、減額してでも確実に回収できるほうがいい。勤め先の社長が出てきて返済計画を示すので、向こうも安心です。

ただ、借金でクビが回らなくなった社員全員を助けたわけではありません。まず、社歴の浅い社員は助けなかった。貢献度が低い社員を助けると、長年コツコツと頑張ってきた社員がかわいそうです。

もうひとつは、**借金の額**です。

私が消費者金融に交渉するのは、借金が年収の範囲内に収まっている社員まで。あくまでも私の見立てですが、**年収４００万円の社員が借金４００万円なら、ギリギリ更生**できます。しかし借金６００万円になると、もう見込がない。助けても「泥棒に追い銭」になってしまう可能性が高いので、自己責任で対処してもらう。

ダメな社員に情けをかけるのはいいが、不公平になったり、助けるために費やしたコストが死に金になったりしてはいけない。人手不足だとはいえ、社長はシビアな目で判断してください。

お金と社員教育

課長と部長以上の仕事はココが違う！

武蔵野は年商70億円に達しました。私が社長に就任した1989年度は年商7億円。そして私は今年70歳。7億円を70歳で70億円にしたから、スリーセブンで大当たりです（笑）。

2016年度の売上は61億円だったので、**前年比115％に成長**です。この伸びのまま行けば、年商100億円も遠くないうちに実現できます。

吹けば飛ぶような小さな会社が、人材研修に力を入れ、なぜ業界で勢いのある会社になったか。

私の手柄だと言いたいところですが、残念ながら違います。わが社が成長したのは、社員が成長して**新しい売上**をつくるようになったからです。

課長職のミッションは、決められたことで成果を出すこと。つまり前年と同じことをやって売上を伸ばせば評価されます。

しかし、**部長以上は違う**。部長以上のミッションは、**新しい稼ぎをつくる**こと。部門の売上や粗利益が前年を上回っても、従来と同じことしかやっていなければ評価しません。実際、前年比で業績を伸ばしたのに、C評価だった部長は何人もいます。

このようなルールで、部長以上は新しい事業や商品の開発を一生懸命考えます。武蔵野の飲みニケーションを見学できる「コミュニケーション実践塾」も、お酒好きな本部長の中嶋博記が趣味と実益を兼ねてつくり出した。評価に直結しなければ、自分で飲んで終わりだったでしょう。

売上70億円のうち、私が直接関わっているのは約15億円にすぎません。残りの55億円は社員がつくっている。この数字からも、武蔵野の成長は、社員の成長によって成し遂げられたことがわかります。

なぜ、高卒社員が国立大卒より稼げる？

では、わが社の社員はどうして成長したのか。

元から優秀だったわけではありません。いまの幹部の多くは高卒で、大卒も有名大学出身者はいません。採用力が上がり、最近は大卒社員が増えましたが、現在、国立大学出身の男性社員はゼロ。東京6大学から3人で、3人とも大学時代の成績は後ろから数えたほうが早かった。大卒社員の多くは、年1回、箱根駅伝で名前を聞くかどうかのレベルの大学も少ない。

勉強が得意なタイプではない社員が、新しい稼ぎをつくれるようになった理由は、ひとつしかありません。

20年以上にわたって、社員教育をやり続けてきたからです。

教育の成果は量に比例します。地頭《じあたま》がよくなくても、コツコツと積み重ねることで国立大卒の働きをするようになる。

人材戦略を重視する以前は、武蔵野も退職者がちらほらいました。辞めた後も社員同士の個人的なつながりは続いていて、社員から「○○さんが武蔵野に戻りたがっている」という話をしばしば耳にします。

しかし、私は辞めた社員の出戻りを原則的に認めていません。辞めた社員は転職先で十分に教育を受けていないから、5年、10年でわが社の社員と圧倒的な差がついています。本人は昔の武蔵野のレベルをイメージして、「戻りたい」と言っているのかもしれませんが、その感覚で入社したら、間違いなく挫折する。結局、「こんなはずではなかった」とまた辞めていくだけです。

社員教育が会社に与えるインパクトは大きい。

勉強する暇があったら、商品を売ってこいというのか。

それとも、商品を売るのも大事だが、勉強を忘れるなというのか。

長い目で見れば、後者が会社を成長させることは明らかです。

社員教育に年間1億円

社長が社員教育をどれだけ重視しているのかは、社員教育にかける金額に現れます。武蔵野は2017年度、教育研修費として**年間1億円**を使った。同じ規模の会社で、これだけの額を社員教育に使っているところはありません。

株式会社三井開発（総合環境サービス・広島県）の三井隆司社長は、当初、自分ひとりで勉強しようと思い、武蔵野の「実践経営塾」に参加した。

社長だけが学んでも会社をよくできません。参加者は初日の面談で私に何でも好きなことを相談できますが（5分間）、私から逆に「どうして幹部を連れてこないのか」と聞いたら、三井社長はポカンとしていた。

お金を払ってセミナーに参加したのに質問できなかった三井社長は、後でわが社の営業担当に文句を言ったそうです。文句を言うということは、まだ自分ひとりだけ勉強すればいいと思っている証拠。次の講義後に再び面談がありましたが、私は追い打ちをかけるように言いました。

「幹部に勉強させる気がないなら、もう帰っていい。お金はお返しします」

その夜、参加した社長たちは、連れ立って夜の街に繰り出しました。三井社長は私の態度によっぽど腹を立てたのでしょう。キャバクラ嬢の顔がみんな小山昇に見えたそうです（笑）。

しかし、三井社長は冷静に考える頭を持っていた。翌朝、「腹が立ったのは図星だったからだ」と気づき、武蔵野の営業担当に社員名簿を渡した。幹部二十数人の研修スケジュールを立ててもらうためです。

結局、三井社長は自分だけでなく社員も一緒に学ぶ道を選びました。武蔵野で使う研修費用も相当なものです。その結果、社員のレベルが上がって**4年連続で最高売上を更新中**です。

営業研修に年間3000万円

エネジン株式会社（燃料・静岡県）の藤田源右衛門社長も、社員教育にかけるお金では引けを取りません。

LPガス業界は競争が激しく、成長のためには新規開拓が必須。同社はルート営業が中心で、社員は新規開拓に積極的でなかった。そこで藤田社長は、営業担当全員に営業研修を受けさせた。その額、なんと**年間3000万円**です。

研修をやり始めたのは最近で、定量的な効果が出るのはこれからです。ただ、すでに目に見えて変わった部分もあります。

いままでお客様から解約通知がくると、担当者がひとりでお客様のところに行っていました。しかし、いまでは他の営業担当や、営業に関係のない事務員が率先して同行して、**3人でお客様訪問**するようになった。ひとりで説得するよりも、3人がかりで説得したほうがお客様の心を動かしやすい。解約件数は減ります。

社員が率先して他の社員に同行するようになったのは、評価に組み込んだこと、チャットワークで情報共有が進んだこと、同行募集・応募が手軽にできるようになったことが大きい。また、「社長は自分たちに3000万円かけてくれた」と思えば、モチベーションも高まる。**社員教育にお金をかけたから、社員の行動が変わった。**

研修を詰め込むと逆効果になる

社員教育は会社を成長させる原動力ですが、やり方を間違えると、逆に**会社の成長を阻害**します。

人間は、変化より現状維持を好む生き物。新しい知識やスキルを覚えるのは、社員にとって大きな負担になる。負担のかけ方を間違えると、社員はバタバタと辞めていきます。人材戦略を最優先にしなければいけない時代に、これは致命的です。

株式会社エネチタ（LPガス・愛知県）の後藤康之社長は、そのことがわかっていなかった。

以前の後藤社長は、典型的な放任経営でした。「権限委譲」の美名のもとに、自分は何もチェックせず、社員に任せっぱなし。その結果、経費は使い放題で、社員はPCに1万5000円もするマウスをつけて使っていた。

業績が落ちたことに慌てても後の祭りです。後藤社長は慌てて引き締めにかかったが、部長たちから、「社長は会社にこないでください。後は僕たちがやりますから」と造反される始末でした。

真っ青になった後藤社長は「実践経営塾」に入って、同時に幹部15人を「実践幹部塾」に入塾させました。ひとりでは会社を変えられないから、これは正しい判断です。また、会社には整理・整頓を重視した環境整備を導入。環境整備は一般社員の教育になるから、これも正しい。

社員教育は社長の愛、しかし愛情過多にご用心

しかし、その後がよくなかった。環境整備を導入しても、定着までは多少の時間がかかります。まだ社内がざわついているのに、2か月後には新しい人事評価制度を導入。さらに、他にも目についた研修メニューをどんどん追加した。

矢継ぎ早に追加されていく社員教育に、社員たちは音《ね》をあげました。当時、エネチタの社員数は80人でしたが、**8か月で33人が辞めて、残り47人に**。これでは事業を回していくのも困難です。

私は後藤社長にハガキを書いて、まだ早いと思われる研修をやめさせました。研修をやめるとわが社の売上が減るが、会社が倒産したら元も子もありません。後藤社長も我に返って、時期尚早だった研修を整理。社員の負担が軽くなり、退職者がピタリといなくなりました。現在、地元で圧倒的な採用力がつき、社員数は**90名増加**、平均年齢も**41歳から29歳**に若返りました。従業員数はパートも含め257人。**最も少ない時期に比べて5倍以上**に増えました。

社員教育は社長の愛です。しかし、愛情過多になると、社員はそれを受け止めきれずにつぶれてしまう。社員が消化不良にならないように、くれぐれも注意してください。

勉強大嫌い人間にどう勉強させるか

社員は基本的に勉強が嫌いです。強制しなくても自発的に勉強する社員は、残念ながら武蔵野にはいません。

勉強嫌いの社員を机に向かわせるには、やはりお金で釣るしかない。

マーケティング事業部に、飛山尚毅、大森隆宏、渡辺徹の３人を部長職として配属したときの話です。３人に、マーケティングに精通してもらうため「マーケティング・ビジネス実務検定」の試験を受けることを厳命。「出張で地方に行ったら、カラオケボックスに入って声を出してテキストを読め」と、勉強法までアドバイスしました。

ただ、「勉強しろ」と言ってもやらないのが武蔵野の社員。本気で勉強してもらうために、「合格しなければ本部長にはしない」と宣言しました。

飛山と渡辺はすぐに受かった。一方、大森は一発で受からなかったので、肩書だけ本部長にして、手当や賞与は部長のままにした。

社員を勉強させるために、こんな荒業《あらわざ》をやったこともあります。

かなり昔の話ですが、箱根に社員を連れていって、合宿形式で研修を行いました。箱根のホテルに到着した途端、私は全員の財布を取り上げた。合格者にはそのまま箱根で財布を返します。しかし、合格順がビリとブービーの社員には、最低限の交通費だけ渡して財布は東京で返すと宣言しました。

財布を箱根で返してもらえた社員は、特急ロマンスカーで悠々とビールを飲みながら帰れます。しかし、ビリとブービーは鈍行で2時間以上かけて帰らなくてはいけない。これはお金で釣るというよりペナルティに近いやり方ですが、効果テキメンで、みんな必死になって勉強していました。

1泊2日でいつもの2倍の出張手当

武蔵野以外の例も紹介しましょう。

株式会社サンエイエコホーム（太陽光発電設備・神奈川県）の武中進社長も、お金でうまく社員を釣っています。

武中社長は幹部3人を「実践幹部塾」に送り込みましたが、幹部はレベルの高さについていけず、初日で「やってられない」と帰ってしまった。そのうち2人は「社長は怪しい男（小山のこと）に洗脳されている」と言って退職した。その様子を見て一般社員も腰が引け、研修に行くのを頑《かたく》なに拒《こば》むようになりました。

武中社長は仕方なく、しばらく自分ひとりで勉強していました。しかし、社員のレベルを上げないと会社は変わらないと思い直して、社員に再び研修を提案した。今度は「武蔵野の研修に出席すれば、**その日は出張手当を倍**にする」とお金で釣る作戦です。

出張手当は1日1500円。研修を受けたら1日3000円で、**1泊2日なら6000**

円になる。すると、お小遣いを使いすぎた社員がやる気になる。作戦は大成功です。

動機が「不純」でも、結果が「純」ならいい

一方、前に触れたアドレス株式会社の高尾社長はお金の使い方がヘタでした。
不動産会社は店舗に宅建（宅地建物取引士）の資格保有者を置かなくてはいけません。しかし、宅建の合格率は15％程度。新規出店したいのに、3〜4年、合格者が出ない状態が続いていていました。

高尾社長もお金で社員を釣ろうとしていました。合格したら、資格手当として月1万5000円支給です。ただ、月々の手当が少し増える程度では社員の心は動かない。
そこで私は**「合格者に30万円を支給」**とアドバイスした。

従来の資格手当は年間18万円（1万5000円×12回）になります。次の年も手当はつくので2年なら36万円。

一方、新しい合格手当は**15万円の2回払いで計30万円**（一度にあげる額が多すぎると社

員の生活が乱れるから)。だから本当は、合格手当のほうが少ない！　しかし、ある程度まとまった金額をすぐもらえるほうが社員はうれしい。その**人間心理**を踏まえて、バーンと30万円にさせた。

お金のあげ方を変えた途端、社員は前のめりで勉強し始めました。その結果、11人が合格。さらに女性のパート社員も合格した。パートでも、宅建の資格があれば新規出店ができます。釣り方を変えて正解でした。

お金を目的に勉強するなんて動機が不純だ、と批判する方もいるでしょう。

しかし、**動機が「不純」でも、結果が「純」ならいい**が私の考え方です。

お金が目的でも、その結果としてビジネスパーソンとして成長できるなら、社員にとっていいこと。社長はお金を遠慮なく使って、社員を机に向かわせてください。

第2章

デキる社長のお金の使い方

お金と経営

家族を悩まし続ける「支払手形」の存在

「お金は愛」――。

中小企業経営は、支払いが集中する月末にそれを痛感すると思います。

一代で立ち上げた中小企業の多くは、旦那が社長、奥さんが経理を務めています。資金繰りに苦しむと夫婦ゲンカが始まり、家庭の中まで暗くなる。家族経営の中小企業は、「お金と愛」は切っても切り離せません。

名古屋眼鏡株式会社（眼鏡卸・愛知県）の小林成年社長も、創業者の父と経理担当の母がお金のことでいつもモメているのを見て育ちました。

諸悪の根源は**支払手形**です。最悪、税金なら支払いを少し待ってもらうことが可能ですが、手形が不渡りになると会社がつぶれる。支払手形をなくさない限り、家族経営の中小企業に安息の日々が訪れることはない。小林家も例に漏れず、不渡りを心配する両親の間で言い争いが絶えませんでした。

小林社長が会社を継いだときにも、支払手形は残っていました。額は**5億4000万円**。「ライバル会社が倒産して、一時的に売上が増えた時期がありました。しかし、翌年は売上が15%ダウン。元に戻っただけですが、資金繰りが悪化して支払いができなくなった。当時、売上が15%以上下がると、国が『不況業種』に認定してくれる制度がありました。わが社はギリギリ認定されて、期日1週間前に5000万円の融資を受けられた。売上が14%減なら認定を受けられずに倒産です。まさに首の皮一枚でした」(小林社長)

もともと支払手形を減らすつもりでいたものの、この経験からその思いを強くした小林社長は、7億円あった在庫を3億円まで圧縮。不良在庫を格安で売ってつくった2億円を原資の一部にして、少しずつ支払手形をなくしていきました。

そして、取り組み始めてから4年後の2006年1月、ついに**支払手形がゼロ**になった。

そのことを、すでに引退していた母に報告すると、

「お兄ちゃん、ありがとう……」

と涙を流して声を詰まらせたとか。支払手形の存在がいかに家族を苦しめていたかがわかります。

金利は〝会社を守る保険〟

ここで、「わが社は支払手形を振り出していないから大丈夫」と安心している社長は甘い。

会社経営では、想定外のことが必ず起きます。そのときお金がないと、会社が危機に陥る。

前に触れた丸林信宏社長率いる株式会社アースコムは、太陽光発電システムに関する15億円規模のプロジェクトを請け負いました。

ところが、設置業者が納期を守らなかったことが原因でプロジェクトがストップ。アー

スコムが太陽光発電のオーナー40人に合計で約5億円の違約金を支払わなくてはいけなくなりました。

このとき、丸林社長は5億円の銀行借入をしていた。借入のおかげで会社にキャッシュがあったからよかったものの、そうでなければ倒産して社員を路頭に迷わせることになっていたでしょう。

キャッシュは会社の生命線です。会社にお金がなければ、みんなが不幸になります。

多くの社長は、何かあったときに困らないように損害保険や生命保険に加入する。会社も何かあったら困らないように銀行から長期借入をする。この金利を私は**「会社を守る保険」**と思っています。

少々のことがあっても会社が存続できるように、**緊急支払能力として月商の3倍のキャッシュ**を持っておくこと。それが家族や社員に対する社長の責任であり、**愛情**です。

稼働率90％以上のホテル

会社のサーバが1台、耐用年数間近になって調子が悪くなったとき、「もったいないから、1台修理してだましだまし使うべき」と考える社長は、お金のことがわかっていません。

正解は「まだ故障していない他のサーバも含めて、同時期に買ったものはすべてすぐ買い替える」です。

1台調子が悪くなったということは、遅かれ早かれ他のサーバも同じように調子が悪くなります。故障が同時に起きて複数のサーバが動かなくなると、会社の業務がストップする恐れがある。業務が止まれば、サーバ代以上の損害が出る。お金の計算ができる社長なら、そのリスクを考えて早めに買い替えます。

武蔵野は、パソコンを3年ですべて買い替えます。

iPadは2年で670台を買い替えた。その結果、業務スピードがアップしています。

ビジネスホテルを運営する株式会社川六（香川県）の宝田圭一社長は、お金の計算ができる社長です。ロビーのエアコンが1台故障したとき、躊躇《ちゅうちょ》せずに他のエアコンも買い替えた。夏のシーズンのかなり前だったので設置業者は暇で、工事費も安くすんだ。おそらく夏まっさかりの時期に故障したら、人手不足ですぐに工事ができなかったり、向こうの言い値で工事費を払うハメになったりしていたでしょう。

宝田社長はＩＴ投資にも積極的です。

スマホでＱＲコードを読み取れば簡単にアンケートサイトに行けるシステムを構築。不満があっても、フロントスタッフに直接文句を言うのは気が引けるお客様は多いが、このシステムなら気軽に言えます。書き込まれた内容は、チャットワークで即座に社員が共有するため、お客様のチェックアウト前に対応できる。このシステムで顧客満足度が一気に向上しました。

その他のシステムも含めて、ＩＴのインフラには**2000万円強の投資**をしている。その結果、客室稼働率60～70％が合格ラインといわれる業界で、**稼働率90％以上**をキープする人気ホテルになりました。

お金は「貯める」より「回せ」

99ページで、〝キャッシュは会社の生命線〟と言いました。

だからといって、**お金を使わずに貯めておくのは大間違い**です。

緊急支払能力を超える額のお金を貯めても意味がありません。お金はそれ自体で価値を生まない。とくにいまは低金利で、1000万円を銀行に1年預けておいても1万円にしかならない。本当はもっと活躍の場があるのに、このような使い方をしていると、**お金が泣きます**。

お金は**「貯める」ではなく「回す」**が正解です。具体的には、次の3つに投資します。

①お客様の**数**を増やす
②**社員を教育**する
③**インフラ**を整える

これらに投資すると、銀行に預けておくのと比べものにならないくらいの大きな価値を生みます。宝田社長はよく勉強しているので、エアコンを買い替え、システムに投資した。つまり③のインフラ投資です。その結果、**売上は2年連続で前年比115%に成長**して、14億円になった（2017年4月期。2018年4月期は15億5000万円）。投資分の2000万円はとっくに回収できています。

武蔵野の例も紹介しましょう。

かつてひとり当たり平均月76時間あった残業を、2018年度は17時間まで削減した。残業ゼロの部署は2か所。その原動力になったのは1台約10万円のiPadです。

残業が月59時間削減されれば、時給1000円だとして、ひとり5万9000円の人件費削減になる。つまり、iPadの投資は2か月目の途中で元が取れる。3か月以降はまるまる利益です。5万9000円から電話代を差し引いて5万円としても、初年度で10か月×5万円でひとり50万円の人件費が浮く。社員250人で、会社全体では1億2500万円の利益になります。

一方、iPad代金10万円×250人の2500万円を銀行に預けたら、金利0・001％

で2万5000円にしかなりません。

お金を「回し」て1億2500万円にするか、**お金を「貯め」て2万5000円**にするか。答えは言わずもがなです。

売値は「原価積上方式」でなく「顧客満足度」で

よく「武蔵野のセミナーは高い」と言われることがあります。

しかし、私に文句を言われても困る。料金を決めているのは、私ではなく**お客様**です。

多くの会社は、自社の商品やサービスの価格を、「原価積上方式」で決めています。「原価がいくらだから、そこに利益を何%乗せて、いくらで売ろう」の発想です。

武蔵野は違います。お客様の満足度、つまり「この満足度なら、これだけ払ってもいい」とお客様が言う額に価格を設定している。満足度を決めるのは、お客様自身。私はそれに合わせて料金を決めているだけです。

社長と幹部が一緒になって経営計画をつくる「夢に数字を入れる」セミナーがあります

が、このセミナーを最初にテストで開催したときの料金は1社7万円でした。

ただ、あくまでもこれは暫定料金。テストに参加した2社にヒアリングしたら満足度が非常に高かったので、次の開催から一気に50万円に値上げしました。

このセミナーの売上は、年間3億5000万円です。このうち経費が6000万円。人件費を考えても、原価は1億円以下です。原価の3倍以上の価格にしても席が埋まるのは、お客様が50万円以上の満足度を感じているからに他なりません。

言い方を変えれば、原価積上方式は「わが社の都合」による価格決定方式です。わが社の都合だから、お客様に売るためにこちらからアプローチしなければならず、それだけ営業コストもかかります。

それに対して顧客満足度で決めるのは、「お客様の都合」による価格決定方式です。お客様の都合だから、営業マンはこちらから無理して売らなくていい。ほしいと思ったお客様が向こうから「買いたい」と言ってきます。

営業マンが頭を下げて販売した商品の代金は「売上」ですが、お客様が価値を感じて払ってくれたお金は**「お買い上げ」**です。

売上を、いかに「お買い上げ」のビジネスに変えていくか。社長はそこに頭を使うべきです。

接待要求されたら、高級店で〝接待殺し〟

接待したくない取引先から、暗に接待を要求されました。

相手が普段行かないような高級店と、肩肘張らずにリラックスできる普通の店、どちらに連れていくべきだと思いますか？

「取引先4人から接待を強要されている。重要な取引先ではないが、断るとカドが立つ。どうしたらいいか」

プロジェクトチームのリーダーをしていた中嶋博記課長（当時。現本部長）から相談を受けたとき、私は迷わず**「高級店に連れていけ」**と指示しました。

選んだお店は、東京・小平にある高級しゃぶしゃぶ店。さらに帰りは手土産を渡したうえで、車を呼びました。相手は4人、普通ならタクシー2台が相場でしょう。しかし、呼んだのは**ひとり1台で計4台**。しかもタクシーではなく**黒塗りのハイヤー**です。

接待後はどうなったか。

取引先はあまりに豪華な接待にビビッてしまい、その後は接待を要求してこなくなった。過剰な接待でやっつける**〝接待殺し〟**です。

過剰接待といっても、費用は大したことはありません。高級しゃぶしゃぶとはいえ、普通の店に比べてコース料金は1・5倍高い程度。車代だって合計で10倍までは行かない。トータルでは、せいぜい2〜3倍でしょう。

もしケチッて普通の店に行ったら、相手は味をしめ、またタダ酒にありつこうとする。それが4回続くより、〝接待殺し〟で、一度ですませたほうが安くつきます。

大切なお客様に喜ばれるお金の使い方

では、相手が重要な取引先だったらどうすべきか。

じつは、その場合もやることは同じ。**迷わず高級店**です。

実名は伏せますが、経営サポート会員のある社長が役人を接待することになりました。以前にも歌舞伎町で接待したことがあったそうですが、行ったお店を聞くと、いかにも中途半端。おそらく相手が自腹でも遊びにいけるレベルの店でした。

普段の延長線上の接待では、相手の心に残らず、接待費が **〝死に金〟** になってしまう。

そこで私は歌舞伎町でもトップクラスの店を教え、「この店の次はあの店」「あの店ではあれを注文」と細かくアドバイスしました。

そのとおりに接待したところ、社長は役人から「○○さん」ではなく「○○ちゃん」と呼ばれるようになった。一気に親密な間柄になって、接待は大成功です。

この接待がうまくいったポイントは、高級店で大枚をはたいたことだけではありません。夜の街でモテるためには、高いものを注文するだけでなく、**夜の街の事情に配慮したお金の使い方**をしなくてはいけない（↓そのノウハウは第3章で紹介）。

私はとくにその方面に強いので、役人がモテるように、接待の手順を教えてあげました。その結果、役人はデレデレになって、〝ちゃんづけ〟で呼ぶほど社長に親愛の情を示すようになったわけです。

できれば接待したくない相手も、逆に接待で絶対に落としたい相手も、中途半端なところに連れていってはダメです。

接待したくない相手は、相手が恐れをなすレベルの接待で**撃退**する。何としてでも、お近づきになりたい重要な相手にも、相手が体験したことのないレベルの接待で**魅了**する。

それでこそ接待にかけたお金が〝**生き金**〟になるのです。

大安の日に会場費を2倍払う理由

武蔵野は年2回、パレスホテル立川に全社員を集めて「政策勉強会」を行っています。

じつは政策勉強会の日が大安や友引の場合は、ホテルにこちらから**2倍の料金を提示**して押さえてもらっている。

どうしてかわかりますか?

大安や友引は結婚式が集中します。ホテルにとって結婚式は大きく稼ぐチャンスであり、できるだけ他の客より優先したい。それを避けて確実に政策勉強会を行うために、あらかじめ会場費を倍払っている。

倍払うのはもったいない、開催日や会場を変更すればいいじゃないかと考える人もいるでしょう。

しかし、政策勉強会をはじめ社内イベントの日程は2年前から決まっていて、社員はその予定に合わせて仕事を組んでいます。リスケすると、お客様とのアポ優先で勉強会に出ない社員や、逆に勉強会のためにお客様との商談を流してしまう社員が出てくる。その損失を考えたら会場費を倍払ったほうがいい。

同じ日程で会場を変えるのもよくない。政策勉強会の運営マニュアルは、会場に合わせてつくられています。会場を変えたら社員が混乱して、進行がスムーズに行かなくなる。つつがなく進めるには、毎回、同じ会場でやることが原則です。

いっそのこと勉強会をやめるという手もある?

それはありえません。

武蔵野は政策勉強会の他にも、経営計画発表会や社員勉強会、社員旅行など、必ず月に一度は社内イベントがあります。各イベントにはそれぞれ目的があるが、全体として、「社員同士の絆を深める」大きな目的があります。何もしないで会社にいれば、勝手に社員の絆が強くなると考えるのは**大間違い**です。絆を深めるには、**同じ場所で同じ時間に同じ空気を吸う**ことが何よりも大切。社内イベントは、そのための仕掛けです。

また、各イベントには準備委員会があります。準備委員会はイベント前に会合を開いて実際に準備するだけでなく、イベント終了後1か月以内に「反省会」という名の懇親会を開くことが義務づけられています。

この委員会でお互いを知って、くっつくカップルも多い。武蔵野の社内結婚率は55％。イベントは男女の絆も深くする。

社員の絆を深めるという目的が根底にあるので、政策勉強会などの社内イベントを中止したり、手抜きでいいかげんにやったりすることは許されません。

ホテルの会場費は、通常料金でも決して安くありません。2倍となれば、かなりの出費です。しかし、それをケチッて本来の目的をはたせなくなったら、社員の絆が弱くなって組織が有形無形の損害を受ける。

社長は人をお金で釣る側であって、釣られる側ではいけない。くれぐれも目先の損得で判断しないようにしてください。

勇気ある撤退で復活した飲食チェーン

人は自分の下した決断を正当化しがちです。もちろん、決断を下した後は、正解だと信じて脇目も振らずに一心不乱に実行する必要があります。

しかし、期待していた結果が出なければ、自分の決断を疑って検証を行い、時には撤回しなくてはいけない。お金を稼げる社長は、躊躇なくそれができる。

前に触れた株式会社エネチタの後藤社長は危ないところでした。後藤社長は事業多角化で、フード事業に進出した。中華料理チェーンのフランチャイズで3店舗を出店。さらに幹線沿いで広い駐車場を持つ物件を見つけて、ファミリー向けの焼肉店を1億5000万円かけて出店しました。

本当は自分の得意なことを集中してやるのが正しい。しかし、後藤社長は**2つの間違い**を犯した。

まず〝ダボハゼ社長〟だから、おいしそうな話を聞くとすぐに飛びついた。これが**第1の間違い**。

しかも、結果がついてきませんでした。とくに厳しかったのは焼肉店で、2年目で年間1200万円の赤字を出していました。このままでは投資資金を回収するどころか、傷口が広がっていきます。

ところが後藤社長は、「1億5000万円も投資したのだから」と存続に固執した。頭ではこのままではいけないとわかっていても、自分の決断が間違っていると認めたくなかった。これが**第2の間違い**です。

ただ、本人も迷いがあったのでしょう。相談した先輩経営者に促されて、私のところにやってきた。あらましを聞いて、「とにかくいくらでもいいから店舗を売れ」とアドバイス。結局、4000万円で焼肉店を売却しました。

1億5000万円で買って4000万円で売ったのだから、1億1000万円の赤字です。2年分の赤字を加えれば、1億3000万円は損をしています。

しかし、撤退の決断が遅れていたら、損害額が毎年膨らむところでした。売却したから止血できたわけで、ポジティブにとらえなくてはいけない。「不良資産を処分できて、4000万円のキャッシュを得た。この4000万円でまた勝負ができる」と考えるくらいでちょうどいい。

実際、この撤退はフード事業にプラスでした。じつはもうひとつの中華料理店3店舗も年間800万円の赤字を出していました。しかし、焼肉店から撤退して一業態に集中したことで人材や食材のコントロールが容易になり、ムダがなくなった。その結果、収益が劇的に改善。それまでフード事業は年間2000万円の赤字でしたが、いまでは**2000万円の黒字**です。

誰だって自分の下した決断は正しかったと思いたいもの。投資額が大きければ大きいほど、その思い込みは強くなる。

しかし、大金を失いたくないという思いが、かえって損を膨らませます。社長は目の前の現実を曇りなき目で見て判断することが大切です。

〝泥棒に追い銭〟は禁止！ クレーマーにはこう対応する

お客様からのクレームは業務改善のチャンスです。しかし、なかには会社にまったく非がないのに、お金目当てで苦情を言い立てるクレーマーもいる。もし悪質なクレーマーからお金を要求されたらどうしたらいいでしょうか。

お客様からのクレームは、それが誰であろうと、すべてに優先してスピード対応します。そして事実関係を丁寧に確認する。クレームが妥当なものであるかどうかの判断は、後でいい。

では、明らかにクレーマーである場合は、どうするか。

昔、あるお客様から、「ガスコンロの中にダスキンのクロス（ふきん）が残っていた」というクレームをいただきました。ガスコンロの掃除はわが社の社員がします。その作業中にクロスを置き忘れて、7年後に気づいたという。

向こうの言い分は、「置き忘れたクロスが入っていて燃えたので、家族が精神的な被害を被《こうむ》った。迷惑料として700万円払え」です。当然、それは飲めません。社員が行って、店長が行って、部長が行って、常務が行って、それでも収まらずに結局、社長の私が行きました。

私の回答はこうでした。

「レンジフードフィルター代やガスコンロの掃除代金30万円は返金します。精神的被害については、弁護士に相談なさってください。お客様がおっしゃることが事実だとしても、迷惑料の相場は5万~10万円。家族4人で20万~40万円でしょう。訴訟して負けたらお支払いしますから、弁護士の先生とよく話し合ってはいかがですか」

お客様の返事も聞かずに私は席を立って帰りましたが、その後、向こうからは何の連絡もありませんでした。

目の前で110番通報されても動じない

こちらに非があったものの、弁償額をふっかけられたこともありました。ハウスクリーニングで約20万円のサービスを行い、たしかにこちらのやり方が悪く、お客様にご迷惑をおかけしました。

しかし、お客様は「家を建て替える。６５００万円払え」と言ってきた。多少の迷惑料はお支払いするつもりでいたものの、法外な要求に私もカチンときて、ちょっと大声を出してしまった。

すると、お客様は「脅《おどか》された」と言って１１０番通報した。最初から私をワナにはめようとしていたとしか思えない手際のよさです。

ただ、私はまったく動じませんでした。昔の武蔵野は超ブラックで、社員が何かやらかして呼び出されたことが何度もある。基本的な対応は心得ています。

このときは、特別な対応をするまでもありませんでした。パトカーは普通、サイレンを鳴らして現場にかけつけますが、このときは無音。おそらくお客様はことあるごとにパトカーを呼びつけており、警察も記録に残すために仕方なくきただけなのでしょう。実際、氏名、住所を聴いた警察は「民事不介入」と言ってあっさり帰っていった。

お客様は、もうそれ以上、切るカードを持っていませんでした。そこからはこちらのペースで交渉が進み、最終的には修繕費1743万円で収まりました。

クレーマーでもお客様はお客様ですから、何かあれば返金には応じます。場合によっては相場どおりの迷惑料を払うこともありうるでしょう。

しかし、それを超える対応はしません。正当性のない苦情をお金で解決していたら、**頑張って売上をつくっている社員たちに申し訳が立たない**。

こちらに非がある場合でも、クレームを起こした社員に損害を賠償させることはしません。再発防止のために原因は追求しますが、人事評価上のマイナスにもしません。

クレームを引き起こした社員は、少なくとも仕事をした社員です。**何も動かない社員よりも、よほど見込がある**。実際、大きなクレームを起こした社員はだいたい後で出世しています。

お金を払わせたり、人事でマイナス評価したりするのは、挑戦意欲のある社員を萎縮させるだけ。お客様に弁償が必要なら会社が負担してあげるのが筋です。

業績が悪いときほど事業承継のチャンス

新たに経営サポート会員になった会社の社長に、真っ先に勧めることがあります。**株の移転**です。

経営サポート会員になる動機はさまざまですが、「伸び悩んでいる業績を何とかしたい」と言ってかけ込んでくる社長が一番多い。しかし、業績をよくする前に、**業績が悪いときにしかできないことをやるべき**です。それが株の移転です。

会社の業績がいいと、株の評価額が上がります。すると、株を引き継いだ人が多額の税負担を強いられる。難なく払えるのなら、きちんと払って社会に貢献すればいい。しかし、普通は税金を払えるほどの現金を個人で持っていることはなく、金策で苦労することになります。

もし払えないなら、会社を売却するしかない。会社を売却すると、デキの悪い社員がクビを切られていきます。デキが悪くても、社長にとっては苦楽をともにしたかわいい社員。

そのような結末は、社長として絶対に避けなければいけません。

株の移転を進めるなら、会社が赤字のときにやるのが一番いい。業績が悪ければ株の評価額が下がるため、税金を払いやすく、親族などに分散している株も買い取りやすい。その意味で、業績が停滞していることが多い経営サポート会員入会時は絶好のタイミングです。

内藤建設株式会社（建設・岐阜県）の内藤宙《ひろし》社長は、先代から社長を継いだときに、自社株を3％しか持っていませんでした。内藤社長は4代目。創業時の役員を中心に株が分散していたのです。

3％では、会社に対して何の支配力もありません。他の株主が結束すれば、あっさり首をすげ替えられてしまう。そのような状態では長期的な視野に立った経営ができず、会社を成長させられない。

経営サポート会員になった6年前にその実態を知った私は、「借金してでもいいから、親族に散らばっている株を買い取って集約しなさい」とアドバイスしました。

内藤社長は、業績を伸ばすために武蔵野にきたのに、「それは後回しでいい」と言われて、ポカンとしていた。しかし理屈を説明したら、納得して株の集約化に奔走した。いまでは社長であり筆頭株主です。

その後、内藤建設は順調に業績を伸ばしています。いま同じことをやろうとしたら、もっとお金がかかる。やはり順番は、**「株を移転してから業績回復」**が正解です。

相続トラブルを回避する一石二鳥のやり方

すでに自分が安定的に経営できる比率で株を持っている場合も、**業績が悪いときが自分の子に譲渡する絶好のタイミング**です。私も、業績を意図的に悪くして、会社の株を半分、5万円で娘の会社に譲渡しました。そして、昨年、残りを3億5000万円で譲渡した。

問題は、子どもが複数いるケースです。親は子がかわいいから、きょうだい全員に平等に株を分配しようとする。しかし、これは争いのもと。会社の存続を第一に考えるなら、社長ひとりに株を集中して所有させるべきです。

その代わり、他のきょうだいには、株以外の現金や不動産といった財産を与える。そうやってバランスを取れば、他のきょうだいから不満は出ない。

株の評価額が高くて株以外の財産とバランスが取れないときは、株を引き継ぐ子に会社を売却します。

仮に、兄と弟の2人兄弟で、株が3億円、株以外の財産が1億円とします。兄に会社を売れば、親の資産は計4億円。それを2人に2億円ずつ分けます。

弟は2億円の資産を手にします。一方、会社を継いだ兄は、3億円払って2億円もらうので、マイナス1億円。兄は1億円の現金を持っていないから、銀行借入でまかないます。兄は借金を返し続けていかなくてはいけないから、継いだ会社を放り投げることはできません。これで相続トラブルは防げるし、新社長にも責任感が芽生える。**一石二鳥のやり方**です。

銀行の態度を一変させた〝3点セット〟

会社経営において、銀行は無視できない重要な存在です。会社はキャッシュがないと守れないし、中小企業にとって最も現実的なキャッシュの調達手段は銀行借入です。銀行といかにうまくつき合うかが、中小企業の命運を分けると言ってもいい。

銀行といい関係を築くのに効果的なツールが、**「経営計画書」「経営計画発表会」「銀行訪問」の3点セット**です。

高石自動車スクール（自動車教習所・大阪府）の藤井康弘社長は、銀行との関係で悩んでいた。バブル崩壊後に貸しはがしが横行していたときに、無情にも昔からつき合いのある銀行から貸しはがしに遭いました。**「財布から直接お金を抜かれた」**（藤井社長）というから相当なものです。

ワラにもすがる思いで武蔵野にきた藤井社長は、さっそく〝3点セット〟を試します（高石自動車スクールの銀行訪問は経営計画発表会翌日に行っている）。

まず、会社のルールブックである経営計画書を作成します。藤井社長は武蔵野の経営計画書を見て、「うちの社員には難しすぎる」と判断。**漢字にルビを振って、誰でも読める**ようにした。

社員に向けて今期の経営計画を発表する経営計画発表会には、銀行の支店長も招きます。経営計画がきちんと立てられていること、そして社員一丸となって計画の達成に向かっていることを知れば、銀行もお金を貸しやすくなる。藤井社長は、まず社員に慣れさせるために2年目までは社内だけで開催。3年目からホテルを借りて銀行の支店長を呼びました。発表会翌日は、銀行訪問をして経営計画発表会に参加したお礼を言いに行きます。

「ノーアポイントで初めて訪問したときは、正直、どの銀行も対応が冷たかったですよ。つき合いのある4行のうち、お茶を出してくれたのは1行だけでした。しかし、回を重ねるたびに銀行の態度が変わってきました。今年は、なんと法人部の部長が、**シャッターが開く前から立って私を待っていた**。3点セットが効いたことを実感しています」（藤井社長）

頭がよすぎる社長は損をする

銀行対策の3点セットそのものは、それほど難しいわけではありません。適切な指導を受ければ、どの会社でもできる。

難しいのは、前提となる経営計画の作成でしょう。といっても、これも実際の数字を使えば、何とかできます。ソフトがあり、計算も面倒ではありません。

厄介なのは、**方法より意識の問題**です。頭のいい社長ほど100%の完成度を求める傾向があって、「今年はこれくらい儲けよう」の決定ができない。いいかげんでもまず決めることが大事ですが、頭のよさがそれを邪魔してしまう。

株式会社平林（当時。現セラテックジャパン、製造・長野県）の平林直樹社長（故人）もそうでした。平林社長は私の古い社長仲間で、昔から頭がよかった。私が環境整備を学んだのは平林社長からだし、武蔵野の社内用語を解説する『改訂3版 仕事ができる人の心得』（CCCメディアハウス）の原型も、平林社長がつくったものでした。しかし、平林社長は頭がよすぎるゆえに、経営計画の作成だけは苦手だった。

もったいないと思った私は、札幌のホテルでベングループ（不動産・北海道）の高橋敏幸社長と一緒に合宿を開催しました。いつもどおり平林社長は悩んでいました。しかし、「今夜は私が先生で、高橋さんと平林さんが生徒。私は夕食でお酒を飲むけど、高橋さんと平林さんは生徒だから飲んじゃダメ」と言ったら、1時間半でパッとつくりあげた。やはりつくる能力はあるのに、決められないだけだった。

私に平林社長を紹介した株式会社新生の久保田輝男社長（故人）も、似たところがありました。完成度にこだわるあまり、3点セットのひとつである経営計画書をなかなかつくれなかったのです。

そこで私は、株式会社新生の経営計画書の表紙だけを勝手に作成しました。その代金十数万円の請求書を持って、「久保田さんの腰が重いから、表紙だけ先につくっておいたよ」と突きつけた。このままつくらなければ、表紙印刷代で十数万円を支払わなくてはいけません。

久保田さんはそれまで5年間つくれなかったのに、2週間で完成させました。頭のいい社長も、やっぱりお金は惜しい。

何事もカンペキにやらなければ気がすまない社長は、決定が遅れて、行動も遅れます。そこから脱却するために、お酒やお金をうまく利用して**自分で自分を釣る**のも一計でしょう。

損得で動かない人もいる

人は損得で〝ある程度〟動きます。ある程度というのは、世の中には損得で動かない人もいるからです。

数十年前におしぼり屋を経営していたときの話です。

私は29歳で起業しました。事業が軌道に乗り始めて、31歳のとき新たに営業所を開くために、新宿周辺の物件を物色。私が目をつけた場所は、環状7号線と甲州街道の交差点です。そのすぐそばにちょうどいい物件があり、大家さんのところに飛び込みました。

ところが、その物件には先約があり、すでに手付金が払われていました。

普通ならあきらめて、さっさと帰るところでしょう。

しかし、私は引き下がらなかった。

「どうしてもここを借りたい。しかし、お金がないから**保証金はタダ**にしてほしい。先約の人に払う手付金の3倍の違約金も、**大家さん持ち**でお願いします！」

こんなムシのいいお願いが普通は通るはずありません。ところが、最終的に大家さんはOKしてくれました。

「大家さんはもういいお年です。これから世のため人のために、若い世代を育てていかれるのでしょう。**ぜひ僕を大きく育ててください！**」

私がこのようにロマンに訴えかけたからです。

人は年齢を重ねるとともに、ゼニ金以外のことに目が行くようになります。

そうなる背景には、貯《たくわ》えができてお金の心配をしなくてよくなったり、人生の終わりが見えてきて社会的に意義のあることをしたくなったりする、あるいは、いままで上の世代から助けられてきた恩を次の世代に返したいなど、さまざまな理由があるのでしょう。

いずれにしても、若い時期に比べれば損得に無頓着になりやすい。そのことを知っていて、都合のいい話であることを百も承知で頼み込みました。

いま私が「実践経営塾」で若い人たちを指導しているのも、若いときに受けた恩を次の世代に返していくためです（社員のために、お金はしっかりと頂戴しますが〈笑〉）。

そんな私も70歳を超えました。この世を去るまでつつましく暮らせるだけのお金はもう十分稼ぎました。だから個人の活動は損得で動きません。世の中には、そういう人たちもいることを理解していないと、札束で人の頬をひっぱたくような人間になるから要注意です。

お金と金運

バブルは最高！ただのサラリーマンがオーナー社長になれた

私には自慢できることがひとつだけあります。それは、金運に恵まれていること。人生のここぞという場面で、必ずいい札《ふだ》が回ってくる。

私が武蔵野の社長に就任したのは1989年。もともと武蔵野の前身である日本サービスマーチャンダイザー株式会社に就職したものの、おしぼり業で独立。1987年に創業者の藤本寅雄に呼び戻されて、再び武蔵野に。2年後に藤本が死去して、急遽、後を託されました（自分で創業したおしぼり屋は売却しました）。

社長になったとき、私は株を持たない〝雇われ社長〟でしたから、適当なところで創業者の息子に社長業をバトンタッチするつもりでした。

ところが、当時、保険会社で働いていた息子に「次はおまえだぞ」と話すと、「社長になりたくない」と言う。じつは息子は子どもの頃、友達から「雑巾屋の息子」と言ってからかわれていました。それがトラウマになって、家業を毛嫌いしていた。

息子の思いを母親が汲《く》んだのでしょう。しばらくして、奥さんから「武蔵野を買ってくれないか」と提案がありました。会社を譲ってくれるなら、断る理由はない。私は二つ返事でＯＫしました。

ここで問題になるのが、株の取得資金です。いくら創業家が会社を譲るといっても、私に株を買い取るお金がなければ譲渡が実現しません。当時、私は年収１０００万円もありません。**貯金はほぼゼロ**。普通なら断念するしかない。

しかし、私はツイていた。１９９０年はまだバブルの真っ只中。銀行は石ころにでもお金を貸すくらいで、私が「株の取得資金を借りたい」と言うと、ポンとウン千万円を貸してくれました。

バブル経済が崩壊したのは翌年です。創業家からの提案が数年後だったら、私は雇われ社長のままで、どこかのタイミングで辞めていた可能性が高い。バブルは悪いことのように言われますが、私には感謝しかない。

株を取得した翌年、私は新規事業で大失敗しました。３億１０００万円の投資をして、売上はわずか３０００万円です。人間は金運のいいときもあれば、悪いときもある。常に運が味方してくれるほど人生は甘くありません。

ただ、このとき雇われ社長だったら、責任を取って辞任もありえた。大赤字を叩き出しても社長の座に居座っていられたのは、オーナー社長だったからです。大失敗の前に株を取得できたのは、やはり運がよかったとしか思えません。

なぜ、お金に愛されるのか

自分の運の強さを感じた出来事は他にもあります。

私は社長業の基本を、経営コンサルタントの一倉定《いちくらさだむ》先生の勉強会で学びました。ある年、経営計画の勉強会がタイのプーケットで行われました。社長60人が参加して、２班に分かれて行動していましたが、私がいた班の全員分のパスポートを空港で盗まれてしまった。これが、**じつに幸運**だったのです。

パスポートを盗まれたことが、なぜ幸運なのか。

私たちの班は帰国できなくなり、手続きがすむまで数日間、足止めを食らいました。滞在費用は旅行会社持ち。最初はムエタイ（タイのキックボクシング）を観にいくなど、観光ざんまいです。

しかし、遊び尽くして、みんな徐々に退屈してきました。私は経営計画書を持っていたから、「これをコピーして勉強会でもやろうか」と提案。遊び飽きた社長が賛同して、翌日から私の即席講義が始まりました。

その内容が好評で、帰国後も「勉強させてくれ」という社長がきました。そこで個人で「小山経営計画研究会」をつくって定期的に勉強会を開くことになった。これがのちに武蔵野の経営サポート事業につながっていきます。

パスポートが盗まれていなければ、私が他の社長相手に講義をすることはなかった。講義をしていなければ、その後、経営サポート事業が急成長して売上70億円に達することもなかった。だから「泥棒さん、ありがとう」です。

いまの私があるのは、人生の大事な局面で運、とくに金運に恵まれ続けてきたおかげです。

では、どうしてお金に愛されているのか。

株式会社シムラ（卸売・大阪府）の志村隆夫会長の奥さんは占い師で、誕生日を調べてもらったところ、稀に見る強運の持ち主だと言われました。運のよさは生まれつきです。

ただ、このような忠告も受けました。

「お金やモノを独り占めすると、逆に大きな禍《わざわい》が降りかかるから注意してくださいね」

じつはこのことは自分でも意識していました。武蔵野の社員に実際の働き以上の給料を払っているのも、これまで培ってきた経営ノウハウを会員に包み隠さず教えるのも、独り占めするとロクなことがない経験則があったから。運を引き寄せるために、自分なりに考え、**「できるだけみんなに分け与える」**という習慣を実践してきた。

じつはお金に愛されるために実践している習慣は他にもいくつかあります。

これからその習慣を紹介していきますが、それらは私が経験則でやっていることであり、あくまでもゲンかつぎのレベルです。みなさんがマネしても、金運がよくなる保証はできません。それを踏まえたうえで参考にしてください。

財布は秋に買ってはいけない

私は、いわゆる高級ブランドに興味がありません。服やかばんは機能重視で、見た目はどうでもいい。

こだわりがあるとしたら、財布を買う時期です。**財布は秋に買わない**。自分の財布はもちろん、カミさんに「財布を買って」とおねだりされたときも、秋は避けます。

なぜなら、秋風が吹いてお金に愛想を尽かされるからです。

ある会社の社長が家を新築しました。あろうことか、庭に紅葉《もみじ》を植えた。秋に真っ赤（赤字）になる木を植えたら、会社に秋風が吹いて業績が下がると忠告したら、案の定、業績が悪化した。

財布も同じです。財布は〝お金の住みか〟ですから、秋に買うとお金が逃げていく。

具体的には、立秋（8月8日頃）から立春（2月4日頃）までの半年間は買いません。

厳密に言えば立冬（11月8日頃）から暦《こよみ》上は冬ですが、冷たい北風が吹く季節もさびしく感じます。だから暖かくなる**立春をすぎてから購入**する。私は誕生日が3月だから、誕生日プレゼントが財布でも大丈夫です（笑）。

長財布に5000円札は入れない！〝1億円札〟で自己暗示する社長

もちろん、プレゼントうんぬんは冗談です。

というのも、私はオリジナルの財布をつくって愛用しているから。普通の財布をもらっても使わないので困ります。

愛用しているのは**長財布**です。折りたたまれてしまわれるのは、お札にとって居心地がよくない。

ただし、長財布といっても、横に長い財布ではなく、縦に長い財布で、封筒のように上からお札を出し入れできるようになっています。この形なら、スーツの内ポケットに財布をしまったままお金を出し入れできる。わざわざ財布を取り出す手間がかからず、時間の節約にもなります。

もともと妻が買ってくれたドイツ製の財布が縦長の形をしていました。しかし、他に見当たらないので特注でつくりました。

財布の札入れは2面に分かれていて、片面には普段使うお金を、もう片面には競馬などのギャンブルで使うお金を入れます。

両方を一緒にすると、ギャンブルの収支がわかりにくくなる。別会計にしておけば、「今月は負けているからセーブしよう」とコントロールできる。身を持ち崩さないための知恵です。

お札は**1万円札と1000円札のみ**。5000円札は1万円札と間違えやすいので、なるべく持たない主義です。おつりで5000円札をもらったら、なるべく早く使って

「通常会計」と「ギャンブル会計」で分ける著者愛用の長財布

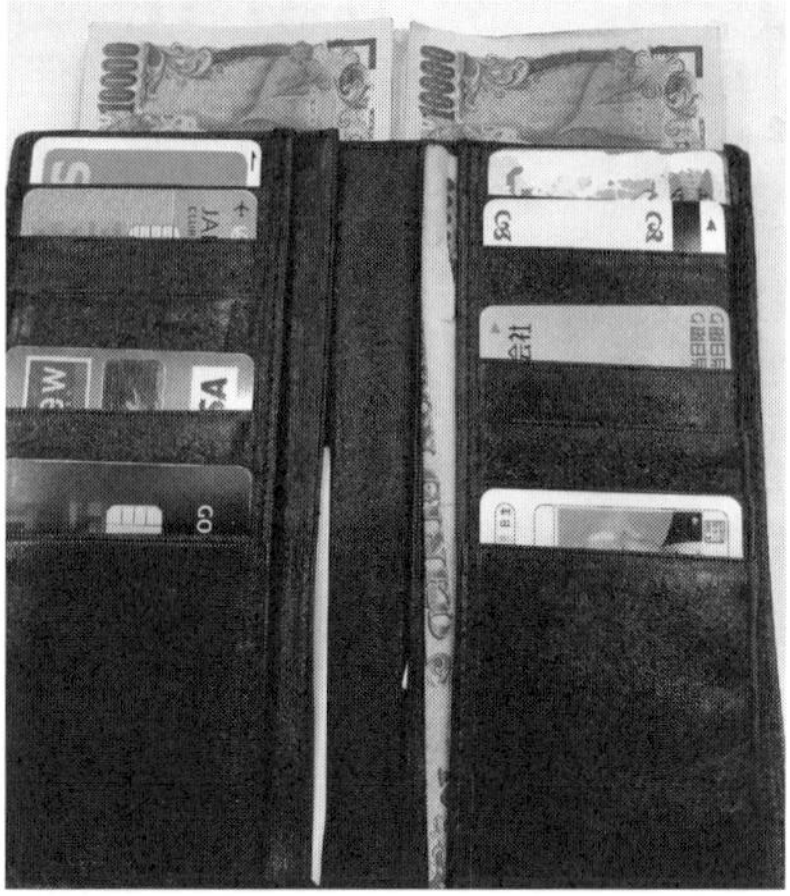

1000円札にします。

お札は顔の向きをそろえます。財布の中も環境整備。そのほうがお札も居心地がいいはずです。

私のこだわりはこの程度ですが、前に触れた株式会社サンエイエコホームの武中進社長は、もっとすごい。1万円を1枚、上手に折りたたんで、0が8個つく**〝1億円札〟**にして財布に入れています。財布を開くたびに1億円札が目に入るので、「自分はお金に愛されている」と自己暗示ができるそうです。このご利益《りやく》かわかりませんが、奥さんに長財布をもらって以来、業績も好調です。

“1億円札” で自己暗示する武中社長

お札は向きをそろえる

1億円札は1万円札の下にしまう

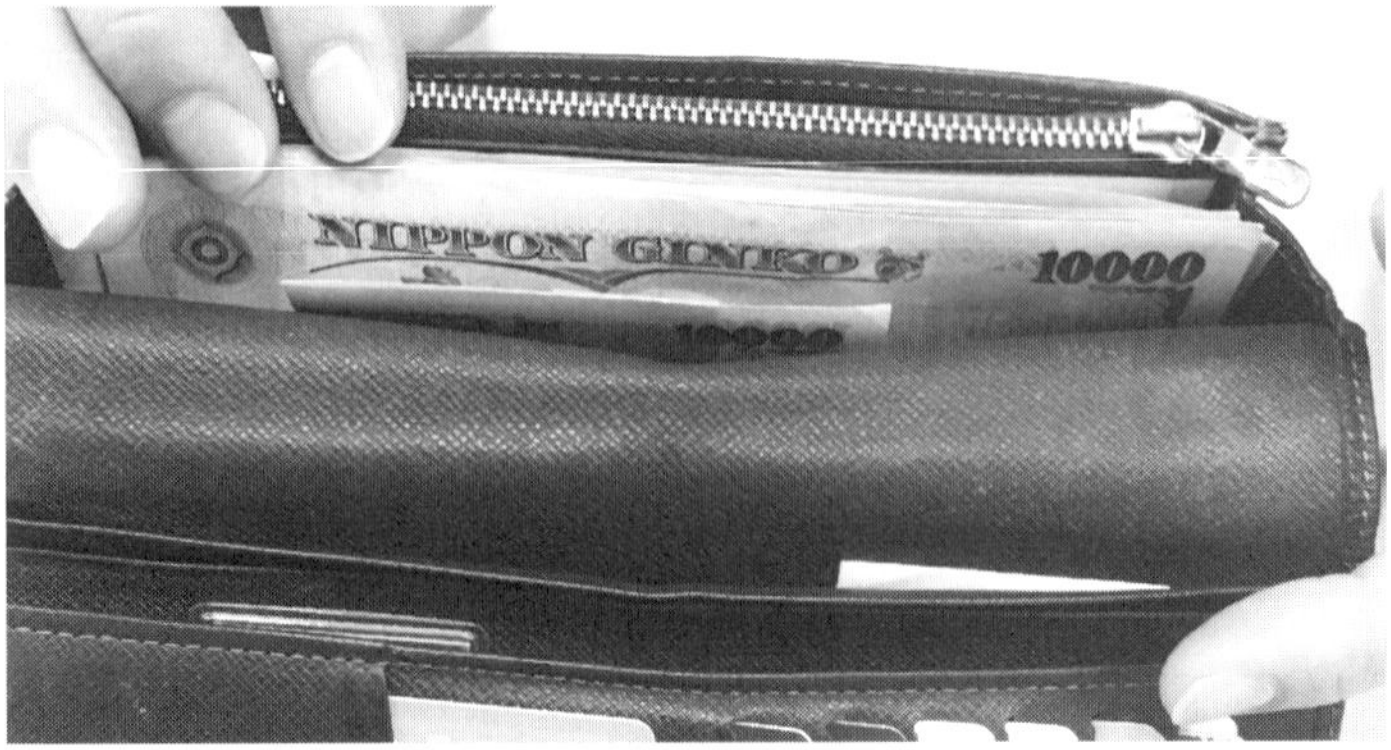

初詣は毎年同じ神社、同じ日、同じ時刻に、1万1111円

お金で釣れるのは人の心だけではありません。私は**〝神様〟もお金で釣ります**。

毎年の初詣《はつもうで》で、**1万1111円**を賽銭箱《さいせんばこ》に入れます。ピンゾロで縁起がいいということもありますが、お正月は神様だって忙しい。お願いごとを早く聞いてほしければ、他の人より多く入れて目立ったほうがいい。

気前のいい人は1万円を投げ入れますが、同じ額では神様が迷います。だから**1111円**を足す。これで神様もにっこりです。

株式会社六日町自動車学校（自動車教習所・新潟県）の佐藤与仁《よしひろ》社長も、お金で神様を釣っています。毎年、社員の資格試験の合格祈願のために、学問の神様・菅原道真《すがわらのみちざね》公を祀《まつ》っている湯島天満宮（湯島天神）に参拝していますが、お賽銭は私と同じく**1万1111円**。以前は500円ですませていましたが、**増額したところ、一発合格する人が増えた**そうです。

私がお参りにいくのは、わが家の近所にある大宮八幡宮（東京・杉並）ですが、特定の神社にこだわりがあるわけではありません。前にお参りしたときに、見事に願いごとを叶えてくれた。実績があるので毎年同じ神社です。

お参りにいく日時も毎年決まっています。**元日の午後5時。**この時間帯はもうみんな帰り際で、混雑していない。ゆったり清らかな心でお参りができます。

毎年同じ日の同じ時間に行くのは、**定点観測**するためです。初詣の参拝客が多ければ、景気はいい。逆に少なければ景気は悪い。多い、少ないの基準は、「例年と比べて」ですから、毎年、**同じ場所で同じ日、同じ時間**に出かけてにぎわいを調べるわけです。

「苦しいときの神頼み」で景気が悪いときほど参拝客が増えると思う人がいるかもしれませんが、**実際は逆**です。景気が悪いと、財布のひもが固くなり、外出を極力控えるようになる。人出が多ければ、今年は景気がいいと思って差し支《つか》えありません。

もちろん、さまざまな経済指標で景気を知ることは可能です。しかし、指標は実態経済の後追いの数字であり、それを見てから動くのでは一歩遅い。先手を打ちたいなら、現場でリアルな景気を観測したほうがいい。

ここ数年は、多くの参拝客でにぎわっていました。それを見て「今年はまた人材の取り合いになる」と予想し、**採用体制を強化**しました。

お正月ですから、お屠蘇《とそ》で気持ちよくなるのもいい。私も元日はいつも以上に飲んで酔っ払います。しかし、ふわふわしながらも、目と頭の一部を働かせて会社の未来を考えてください。それが社長の仕事です。

1円玉でも落ちていたら拾う

新宿駅に1円玉が落ちていました。俗説によると、1円玉を拾うために腰をかがめて立ち上がるときに使うエネルギーには、1円以上のコストがかかっているとか。つまり1円玉を拾うと赤字です。

さて、みなさんなら落ちている1円玉をどうしますか?

私は躊躇なく立ち止まって拾います。その動作で赤字になろうと関係がない。たとえ1円玉であろうと、**お金を大事にしない人はお金から愛されません**。1円玉は価値が低い、

1万円札は価値が高いと身分に差をつけた扱いをしていては、**底の浅い人間性をお金に見透かされてしまう**。お金と仲よくしたければ、いくらであろうと大切に扱うのが基本です。

新宿駅（JR、京王、小田急、東京メトロ、都営地下鉄）の1日平均乗降者数は約353万人（2017年）。世界一多い駅でお金を拾うのは、とてもラッキーなことです。たとえ1円でも、そのツキを逃してしまう人のもとには別のチャンスがやってこない。小さなツキを積み重ねてこそ、大きなツキを呼び込む土台ができます。

冒頭で登場した小田島組の小田島社長は、ツキの法則をよくわかっています。

小田島社長が友達2人と夜の繁華街を飲み歩いていたところ、たまたま目の前にいたキャバクラのボーイが30000円拾ったところを目撃しました。小田島社長はすぐにボーイに声をかけて、その30000円を50000円で買った。タダで拾った30000円が50000円に化けるのだから、ボーイに断る理由はありません。そして30000円を友達と10000円ずつに分けた。

小田島社長にとっては40000円の損です。しかし、小田島社長は「1円を拾うだけでもラッキーなのに、30000円を拾うのは超ラッキー。その運を分けてもらえるなら安いもの」と考えた。**友達と分けた1000円札は、いまもお守りとして財布の中に入れているそうです。**

1円玉を拾ったらマイナスだとか、3000円を5000円で買うのはバカだと言う人は、目の前のことしか見えていない。目先の損得に惑わされずにお金を大切に扱う人が、長くお金に愛されます。

赤いトマトは食べない

武蔵野の経営計画書の表紙は黒です。中も1色刷で、文字は黒です。

じつは26期に、社員が燃えて仕事をするからと表紙を紅《くれない》色にし、経営計画書の本文も重要な部分を目立たせようとして黒と赤の2色刷を試したことがあります。

すると、26期は大幅な減益になった。最初は単なる偶然かと思いました。しかし、その後、同じように経営計画書を黒と赤の2色刷にした株式会社本村（オンデマンド、製本、物流加工・埼玉県）と、株式会社ヒカリシステム（アミューズメント・千葉県）が赤字になりました。

それ以来、わが社はもちろん、経営サポート会員も**経営計画書に赤を使うことは禁止**にしました。

私の赤嫌いは徹底しています。ある出版社から私が書いた本の見本が届きました。装丁のデザインはいい。しかし、1枚めくって驚いた。見返し（表紙をめくって最初に見えるページ）が真っ赤になっていたのです。

私が本のデザインに赤を使わないことは、各出版社の私の担当編集なら誰でも知っていることです。当然、刷り直しを命じました。余計にお金がかかるし発売時期も延びてしまいますが、赤いまま世に出すよりはずっといい。

ちなみに、赤いネクタイは一本も持っていないし、トマトも食べません。赤い完熟トマトを食べるくらいなら、まだ青くて固いトマトを食べたほうがマシです。それくらい私にとって赤は天敵です。一方、妻は赤いトマトが大好きです（笑）。

お金と時間

有限な時間をお金で買う

私がいま一番ほしいものは何か?

正解は**「時間」**です。

今年70歳になり、人生の残り時間はせいぜい30年でしょう。幸い、いま武蔵野の社長を辞めても、30年ヘラヘラと生きていけるだけの貯えはできました。これ以上、お金があっても仕方がない。

これまで指導してきた経営サポート会員の中に、株式上場の準備をしている会社がちらほら現れ始めました。そうした会社の社長は、私に恩義を感じて「上場前に株をどうぞ」

と言ってくる。

しかし、私はいまのところすべて断っています。

「会社の株なんて、煮ても焼いても食えないじゃないか。何か礼がしたいなら、野菜のカブを持ってこい」

もともと株をはじめとした資産運用で儲けるのは、私の流儀ではありません。社員が資産運用するのは止めませんが、私は一切関知しない。**自分で汗をかいて稼ぐから、お金は尊い**。それが信条ですから、「必ず値上がりする未公開株」を目の前にぶら下げられても心が動かない。

それよりも貴重なのは時間です。健康に気をつけて長生きするかもしれませんが、それでも自由に歩き回れる時間には限りがあります。1年365日、1日24時間の現実も変えることはできない。

限られた時間からムダをなくして、いかに自由に使える時間を確保するか。それが最近の私のテーマです。

お金は、むしろ時間を確保するために投資する。お金で時間が買えるなら、迷わず買ったほうがいい。

人生の残り時間がまだたっぷりある若い人も同じです。**お金で時間という資産を増やして**、それを会社や社員、お客様のために使えば、結局はそれがまたお金を生んでくれます。

この循環に気がつかないと、目先のお金を追いかけて一生が終わります。

乗換案内を信じるな

時間を増やすときに忘れずにメスを入れてほしいのは、**移動時間**です。

仕事のムダを省いて時間を確保する社長は多いが、移動時間については「急いでも電車が速く走るわけではない」とあきらめている。

しかし、**世の中に「絶対に正しい」ものはありません**。いままであたりまえのように思っていたことも疑ってかかることが大切です。

私は乗換案内のウェブサービスやアプリを信用していません。

乗換案内のサービスは、所要時間を少し長めに見積もっています。具体的にはホームの一番遠いところから歩いた場合を想定して時間を計算している。そうしておけば利用者が乗り遅れることはなく、苦情もこない。

ただ、それに合わせて動くのはムダが大きすぎます。乗換時間が5分のところを3分で行ければ、一本前の電車に乗れるかもしれない。目的地まで乗換2回の道のりなら、少し急ぐことで10分は時間が浮く。それだけあれば、車内でたっぷり仕事ができます。

私はすばやく移動できるよう、あらかじめ乗換に便利な車両に乗ります。新宿駅で乗り換えるならココ、四ツ谷駅で乗り換えるならココ、東京駅なら……、というように主要駅の乗換車両はだいたい頭に入っている。これで数十秒〜2分は短縮できます。

さらに乗換は、のんびり歩くのではなく、早歩きです。おかげでとくにトレーニングをしていないのに、70歳のいまでも足腰が丈夫です。

タイミングにもよりますが、適切な車両選択と早歩きで一本前の電車に乗れることが少なくない。ぜひ試してみてください。

移動時間中に「一流」と「二流」の差が出る

移動中の**すごし方**も大切です。

ボケッとすごせばムダな時間になりますが、仕事をすれば、その分、オフィスで仕事する時間を減らせます。

私は電車での移動中、iPadでメールの返信をします。歩いていて手がふさがっているときは、ボイスメールを聞いて返信する。何かしら仕事をしているので、移動時間もムダにはなりません。

車での移動も同様です。社長は高級車を買って乗りたがるが、自分で運転しているうちは二流。**人に運転してもらって、車内で仕事をするのが一流の社長**です。

前に触れた不動産業を営むアドレスの高尾社長は、物件を見るために県内各地を飛び回っています。以前は私用車を自分で運転していましたが、私用車を売り払ってしまった。

いまはタクシーか、社員に社用車を運転させての移動です。

自分で運転することをやめた理由は2つあります。

まずは交通事故を避けるため。考えごとをしながら運転すると、注意力が散漫になって危ない。万一事故に遭って入院すれば、会社に迷惑をかける。プロのドライバーに任せたほうが、リスクを少しでも減らせます。

もうひとつは、車内で仕事をするためです。高尾社長は、タクシー車内では自分の仕事をする。社員に運転してもらうときは、社員と話してコミュニケーションを深める。車内は1対1だから、深い話をしやすい。なかなか上手な時間の使い方です。

社内一能力が低いのに、なぜ仕事が早い？

「エナジャイザー」（公益財団法人 日本生産性本部が実施）という能力測定テストがあります。これで単純業務や複合的業務を遂行する能力がわかります。

武蔵野の社員・パート・アルバイトは全員このテストを受診していますが、社内で最も能力が低いのは誰だと思いますか?

じつは私です。

現在、スコアは「単純」が48で、「複合」が108です。もともと高いほうではないが、加齢による衰えも手伝って能力が下がってきた。

逆に社内で最も高い社員は、「単純」が85で、「複合」が227。だいたい私の倍です。このスコアは業務の処理能力に比例するので、私が社内で最も処理能力の高い社員と同じ仕事をすれば、倍の時間がかかることになります。

ただ、能力が衰えて処理に時間がかかるようになってきたいまでも、私は時間が足りなくて、仕事を片づけられなかったということがありません。

なぜか。

やらない仕事を増やしたからです。

もともと、社長の仕事は**「やらないことを決める」**ことです。中小企業は、お金や人員などの経営資源が限られています。それなのに多くの社長は「あの事業もやろう」「社員にこれもやらせよう」と手当たり次第にやって、現場を疲弊させる。むしろ「あれはやらない」「これもダメ」と示したほうが、社員は集中して働けます。

社長個人も同じです。能力の低い社長が「あれもやろう」「これもやろう」では、どれも中途半端になります。一方、やらないことをあらかじめ決めておけば、やるべきことに脇目も振らずに集中できるようになる。

私は昔からそういうスタイルでやってきましたが、能力が落ちてきた現実を踏まえて、さらにやらない仕事を増やしました。

かつては経営サポート会員の社長全員の誕生日に、直筆のハガキを送っていました。しかし、いまは3年間、出席していない社長に送らないことにした。ハガキを1枚書くのに、表裏含めて3分30秒かかります。その時間が浮くので、処理能力が落ちても仕事を片づけられる。

自分の普段の仕事を見直せば、成果が出ていないのに時間がかかっている仕事が何かしら見つかるはずです。

重要に思えても、**成果が出ていないものについては、きっぱりとやめる**。そうすることで、私のような能力の足りない社長でも余裕を持って仕事ができるようになります。

第3章

お金が生きる遊び方、死ぬ遊び方

お金と遊び

遊びを知らない人は仕事で苦労する

週末になるとパチンコや競馬に興じる社員と、休みの日も仕事のことを考えている社員。みなさんなら、どちらの社員を評価するでしょうか。

私が評価するのは、よく遊ぶ社員です。

人間は、仕事も遊びも同じ頭がやっています。遊びで頭を使っている社員は、仕事でも頭を使える。仕事で何か問題にぶつかっても、「遊びではこうやって解決したから、仕事でも試してみよう」と柔軟な発想ができます。

一方、四六時中、仕事のことしか考えていない社員は、発想が狭くなりがちです。だから予想外のことが起きると、途端に何も考えられなくなってしまう。自動車のハンドルは、あえて**〝遊び〟**を持たせて事故を防ぎます。それと同じように、遊びがない人間は、もろくて危ない。

とはいえ、とにかく遊んでいればいい、というものでもありません。

同じように遊んでいるように見えても、上手に遊んで何か学びを得ている社員もいれば、ただ単にお金を浪費しているだけの社員もいる。後者でも自制がきくならいいが、止まらなくなって借金をつくるようになると、もう目も当てられない。家庭が崩壊して、仕事にも影響が出ます。

私は社長にも遊ぶことを勧めています。しかし、真面目一辺倒でやってきた社長には最小限度の遊びしか教えません。これまで「遊んではいけない」と考えてきた社長が、今度は「遊びをやめてはいけない」と思い込んで、ブレーキの壊れた車のごとく止まらなくなってしまうからです。

時には真面目な社長を連れて夜の街に行くこともあります。社長がうぶでのめり込む恐れがある場合は、お店の女の子やボーイに社長の顔を覚えさせて、「小山がいないときにこの社長がきたら連絡をして」と頼みます。真面目な社長ほど無難な選択をするので、遊び始めるときも、まずは一度遊んだ店に行く。私から隠れて遊び始めようとしても、情報網に引っかかる仕組みです。

遊びは人間を豊かにしてくれますが、遊び方を間違えると逆に身を亡ぼします。

はたして、**遊びに費やすお金が生き金になる遊び方**とは、どのようなものなのか。

この章で、私が実践している、**仕事に生きる、お金が生きる遊び方**を公開していきましょう。

ギャンブルで負けるのは、儲けようとするから

競馬のＧⅠレース（格の高いレース）は、年間26レースあります（ＪＲＡのみ）。

私は日曜日のメインレースだけ買うが、去年の秋は7レース買って5勝2敗でした。かなりの好成績で、購入金額は1レース馬単2点で２０００円だけ。お金は大して儲かっていません。

この話をすると、「そんなに的中するなら、もっとたくさん買えば儲かるのに」と言われます。

しかし、いまの金額で十分です。私は「儲けること」を目的にはしていません。目的は、あくまでも「勝つこと」。だから額は少なくてもかまわない。

どちらが目的でも同じだという人は、ギャンブルがわかっていません。目的が違えば、買い方が変わります。私は勝つことを目的に勝つための買い方をしているから負けない。

これはどういうことか。儲けることが目的になっている人は、オッズを見て買います。もともとAという馬を本命だと考えていたのに、人気があってオッズが低いのを見て予想を変える。このように判断がブレるから、結果として外れてしまう。

私がオッズを見るのは、馬券が的中した〝**後**〟です。馬券を買う前に見ると予想がブレるし、買った後にいくら見つめたところでオッズは変わりません。的中した後に、「この馬券はいくらになるのか」と見れば十分です。

パチンコは人材発掘の場

パチンコも「勝つこと」を目的にやっています。

真剣に勝とうとしているから、打った機種や台についてデータを取ります。パチンコのプログラムは乱数表で動いているからデータを取っても意味がないと言う人もいますが、**それは違う**。たしかに、プログラムは乱数表で動きますが、プログラムを組んでいる人には一定のクセがあります。そのクセがデータからつかめれば、こっちの勝ちです。

私が一番見ているのは、店長の玉を出す台と出さない台のクセです。

打ち方も工夫します。

玉の出が悪いときは、パチンコ台の上皿に２５００円分の玉を入れます。通常は５００円分ですが、５倍の重さが上皿に乗ると、パチンコ台の傾斜が微妙に変わって玉の流れも変わります。昔の台は、これで簡単に勝てた。

パチンコは、知識やテクニックだけでなく、集中力も必要です。

昔、社員に請われて社内向けに「パチンコ実践塾」を開いたことがありました。月2回、社員を荻窪のパチンコ屋に連れていって指導するが、出る台を教えてあげても、集中力が続かずに4回目あたりからフラつく社員がいる。一方、集中力が続く社員は同じ台で何回も行ける。

ちょうどそのとき、誰を部長にするのか悩んでいたので、後者の社員を部長にしました。**パチンコで集中力を発揮できる社員は、仕事でも集中力を発揮する。パチンコは人材発掘の場**でもありました。

勝つことを目的にして勝つための工夫を

パチンコで簡単に勝てると豪語しているが、どうせ口だけだろうと怪しむ人もいるでしょう。

株式会社島屋（建築商材・広島県）の吉貴隆人《よしきたかと》社長も、そのひとりでした。私のかばん持ち研修は月曜〜土曜。日曜はお休みで、パチンコの研究に勤《いそ》しんでいます。吉貴社長は金曜・土曜と月曜にかばん持ちを申し込み、日曜に私の自宅近くのパチンコ屋で待ち伏せをしていた。私のパチンコの腕前を確かめるためです。

吉貴社長が「パチンコを教えてください」と近づいてきたので、私は2台を指し示して、「早く出る台と、たくさん出る台、どちらがいい？」と選ばせました。吉貴社長は早く出る台を選んだので、私はたくさん出る台に座りました。

1時間後、言ったとおりに吉貴社長の台が先に出て、最終的には私の台が多く出た。吉貴社長はようやく私を信じる気になったらしく、それから6回もかばん持ちを申し込んでいます。

ギャンブルについて「勝つも負けるも運次第」と考えているうちは、いつまで経っても勝てるようにはなりません。もちろん運の要素も強いですが、**勝つことを目的にして勝つための工夫**をすれば、勝率は必ず上がり、トータルで勝てるようになる。私はそういう努力をする社員を評価します。

モノの収集に喜びを感じる人を採用してはいけない

遊びにお金を使うのはいいですが、その方向性が「モノを集めること」に向かうのは感心しません。お金で買った「経験」は一生の財産になりますが、「モノ」は売ったり壊したりすればゼロになる。形があって目に見えるから価値があるように感じますが、本当は**目に見えないもののほうがずっと価値は高い**。

わが社の五十嵐善久部長は大の車好きで、家に車を2台、バイクを3台持っていた。給料のほとんどを車につぎ込むから、経験が増えないし、部下と飲みにいくお金もない。だから同期が次々と出世していく中で、五十嵐だけが長らく課長止まりだった。改心して車を手放しましたが、部長になったのはごく最近です。

このような実例がいたので、趣味がモノのコレクションという学生は採用の段階で弾《はじ》いています。

採用面接では、「雨と霧と雲の違いは？」といった類《たぐい》の質問をぶつけます。これはほぼ全員が答えられない。

答えられない質問を入れるのは、不合格者が何の質問でふるいにかけられたのかをわからなくするためです。超難問をひとつ入れておけば、不合格者は「あの質問に答えられなかったから不合格だったのか」と思います。

最近は、就活生同士がつながって情報交換する時代になりました。しかし、こうやって煙幕《えんまく》を張れば、カンニングに近い面接対策を防ぐことができます（ここでモノ収集はダメだと明かしてしまいましたが、それは本書を読んだ学生へのオマケにしておきましょう）。

じつは、先ほどの超難問、過去にひとりだけ正解した学生がいました。

しかし、不採用です。煙幕を張るための質問で正解するかどうかは重要でないし、この難問にスラスラと答えられる鋭い感性を持つ人にとって、武蔵野の器は小さすぎる。別の会社で活躍してもらったほうが本人も幸せです。

旅行のときに一番気をつけること

私は講演や経営サポート会員の会社訪問で全国を飛び回りますが、それとは別に旅行にも積極的に出かけます。

定点観測するために定期的にラスベガス（50回以上）やヨーロッパ（18回）を訪れ（研修なので仕事の一環）、長期休暇には国内で骨休めする。行くたびに何か気づきがあって、普段味わえない刺激をもらっています。

旅行のとき、私が最も意識しているのは**リスク管理**です。

いまから30年くらい前まで、日本国内はどこでも「水と空気と安全」がタダでした。

しかし、いまはすべてお金を払わないと、確かなものが手に入りません。国内でさえそうですから、海外は意識してリスク管理にお金を使っています。

インドに旅行したときの話です。事前に予約してあったホテルが、旅行会社の手違いでダブルブッキングされており、私たちは某銀行の団体にホテルを譲ることに。代わりにあてがわれたのは、お湯は出ず、水のシャワーしか出ない安ホテルです。そのときは疲労が溜まって、刺激を得るどころではなかった。それ以来、私の中ではリスク管理が最優先になりました。

泊まるホテルは、五ツ星クラスです。見栄を張ったり、豪華な気分を味わったりしたいわけではない。盗難や事故などのリスクを減らしたり、万が一、事故が起きた場合の対応を考えると、やはり一流ホテルがいい。

ヨーロッパに10〜15人で研修ツアーに行く際は、**新車の大型バス**を手配してもらいます。バスと乗用車がぶつかると、生存確率が高いのはバスです。また、古い車両と新しい車両なら、新車のほうが丈夫です。幸い、これまでケガ人が出るような交通事故に遭ったことはありませんが、万一のことが起きてから「ケチらずに新車にしておけばよかった」では遅いのです。

マイレージを使わない理由

飛行機は、長時間のフライトになる海外は、疲労を考慮してビジネスクラスに乗ります。自分で研修ツアーを組んでの旅行が多いからです。

マイレージのプログラムは基本的に使いません。

天候などの事情で欠航になって、次の飛行機の手配をするとき、航空会社が優先するのはどの客だと思いますか?

ビジネスクラスの客と答えた人は甘い。最優先は、クラスにかかわらず通常料金で席を買った人です。次が割引料金で、最後がマイレージを使って乗る人です。ビジネスクラスでも、マイレージで席を取った人は後回しです。

完全に個人の旅行なら、最悪後回しにされてもいいでしょう。しかし、研修ツアーで、団長の私が乗り遅れたらシャレにならない。だからマイレージプログラムで航空券は買いません。

旅行は、非日常的な体験です。日常業務ならトラブルが起きてもマニュアルである程度カバーできますが、非日常のトラブルはマニュアルがないため被害が拡大しやすい。被害を最小限に抑えたければ、**事前に想定できるリスクについては、お金を惜しまず対策を**することが大切です。

なぜ、お金で買えない「名門ゴルフクラブ会員権」を買えた？

過去最高スコアは129――。

私はゴルフが大の苦手です。かつては経営サポート会員と年1回、ゴルフコンペをやっていましたが、あまりにヘタクソでやめました。

そんな私が人生で一度だけ、ゴルフの会員権を買おうとしたことがありました。コンペをやっていた「小金井カントリー倶楽部」の会員権です。

ゴルファーには有名ですが、小金井カントリー倶楽部は1937年に設立された名門中の名門クラブです。会員には政財界の大物がズラリと並んでいて、バブルのときは会員権相場が億単位でした。もちろん、お金さえ払えば誰でも会員になれる成金クラブではありません。日本でもトップクラスの厳しい入会審査があり、噂では某総理大臣や有名社長も落とされています。当然、私のような中小企業の社長レベルでは審査を通らないが、申し込んでみたのです。

すると、予想外なことに審査にパスしてしまった。

ここから先は私の想像です。審査に通ったのは、地元の企業であることが大きかったと思います（厳密に言うと、小金井カントリー倶楽部の所在地は東京都小平市ですが、名前に小金井とあるように小金井とゆかりが深い倶楽部です）。当時、小金井にはそれなりの規模の会社が数社ありました。一番有名なのは株式会社スタジオジブリ（本社は現在も小金井市）です。M社の社長は小金井カントリー倶楽部の要職に就いていた。武蔵野もそれなりの規模です。

武蔵野が地域貢献していたことも大きかった。昔から地元商店街の夏祭りで会場の設営や警備を担当するなど、中心的な役割をはたしてきました。また、昔は月1回、1999

年以降は毎朝、会社周辺の路上清掃を行っています。おそらくそうした活動が評価されたのではないでしょうか。真相を確かめる術《すべ》はありませんが、心当たりはそれくらいしかありません。

私たちは、何かメリットを期待して地域貢献活動をやってきたわけではありません。昔の武蔵野はガラの悪い社員が多かったので、少しでも地域のみなさんに安心していただけるように活動していただけです。ただそれが結果として、〝**お金を積んだだけでは買えないもの**〟の入手に結びついた。あくまで副産物ですが、地道に地域貢献をしてきてよかったと思います。

せっかく審査にパスした入会の権利は、倶楽部に平謝りして辞退しました。最初は勢いで申し込んでしまったものの、私のようなヘタクソがコースに出るのは申し訳ない。もっとゴルフに愛情を持った方にお譲りしたほうが社会のためです。

お金とお酒

飲み代をケチる人は出世しない

私は、採用時に「お酒が飲めること」を重視しています。もちろん、お酒そのものが飲めなくてもかまいません。しかし、少なくとも「自分はソフトドリンクだが、飲み会の雰囲気は好き」という人でないと採用しない。

お酒が飲めること、あるいは飲み会が好きであることを重視するのは、「よく飲む社員ほど仕事ができる」からです。

飲食は人の心を和《なご》ませます。とくにお酒が入ると、人は警戒心を緩ませて、本音を漏らすようになります。相手が本音で話しているのがわかると、こちらも本音で対応して、人と人の距離が縮まっていきます。

そうやってまわりと相互理解を深めていく人と、一定の距離を置いている人では、どちらのほうが、仕事ができるか？

個人戦ならともかく、チーム戦では圧倒的に前者です。

相互理解すれば互いのよさを発揮して、足りないところを補えます。人と人の間の壁が低いから、情報もどんどん入ってくる。

そのことがわかっている社員は、ポケットマネーで積極的に部下を飲みに連れていきます。私は課長職以上に**毎月ひとり5000円（上限5人）の飲み会手当**をつけていますが、「その範囲で抑えよう」とケチなことを言っている管理職は、たいてい結果が出ない。面白いくらいに、その差が明確に出ます。

飲み会のお金をケチらないほうがいいのは、社長も同じです。

福島県の新白河でセミナーをやったときの話です。懇親会では、恒例のワインじゃんけんを行います。経営サポートの懇親会では、いつもじゃんけんで負けた社長がみんなの分を支払います。ワインじゃんけんも、そのひとつです。

あるとき、このじゃんけんに参加しない社長がいた。後日、理由を聞いたら「自分はお酒を飲まない。負けたら損だ」と言う。

これはダメです。もちろん飲めない酒を飲む必要はありません。しかし、じゃんけんに参加してみんなと同じ空気を吸わないと、他の社長との距離が縮まりません。距離が縮まらなければ、経営に有益な情報も入ってこないし、いざというときに相談もできない。

じゃんけんは、普段は孤独になりがちな社長の友達づくりの仕組みです。

それを自ら放棄できるほど強くて優秀なのかと、思わず説教してしまいました。

飲み代を、お酒に対して払っていると思ってはいけません。飲み代は、コミュニケーションの費用です。ワインじゃんけんも、負けた社長はワイン代を払っているのではなく、**みんなでバカなことをした経験と、その経験を通してできた絆にお金を払っている。**

そのことがわかっていない人は、飲み代をケチッて大きなものを逃してしまいます。

社長は自分の金銭感覚をぶっ壊せ

じゃんけんで負けたら、その場にいる他の社長の飲食代も払う――。

経営サポート会員の懇親会でこのルールを適用している理由は他にもあります。**社長の金銭感覚を壊す**ためです。

前に触れたアドレスの高尾社長は、かつてはお酒をまったく飲みませんでした。武蔵野のセミナーに最初に参加した後、歌舞伎町に連れていったときはウーロン茶です。ただ、ウーロン茶だろうと関係ありません。その日は3軒行きましたが、3軒とも高尾社長がじゃんけんに負けて、3万円×3軒で計9万円を払った。高尾社長はカードを持たず7万円しか持ち合わせがなかったので、足りない2万円は武蔵野の平社員、曽我公太郎（当時）から借りた。高尾社長としては相当悔しかったでしょう。

しかし、その後も高尾社長は懲りずに参加し続けました。じゃんけんは、負けたり勝ったり。勝てばタダ酒ですが、負ければ一晩で10万円以上が飛んでいくこともあった。飲むとしても、いままで1軒3500円のキャバクラしか行ったことのなかった高尾社長は、金銭感覚が次第に壊れてきました。

金銭感覚が壊れたのは、株式会社後藤組（建設・山形県）の後藤茂之社長も同じです。後藤社長は大のキャバクラ嫌いだったが、私と小田島組の小田島社長に連れられて歌舞伎町で一番高いキャバクラに行き、あみだくじで負けて8万円を払った。

「料金が高いから超のつく美人がくるのかと思いましたが、他の安いキャバクラと全然変わりませんでした。それ以来、『あのキャバクラに比べたら』と、**レストランでウン万円のコース料理を躊躇なく注文**できるようになりました」（後藤社長）

社員は、常識的な金銭感覚を保っていなければいけません。金銭感覚が壊れると家庭も壊れてしまう。

社長は別です。事業のためには多額の投資をしなければいけないし、資金調達で借金も背負う必要があります。そのとき社員並みの金銭感覚でいると、投資や借金に躊躇してチャンスを逃してしまう。社長の金銭感覚は、一般の人から見てぶっ壊れているくらいでちょうどいいのです。

限界の2億5000万円で競売に勝利

実際、高尾社長は金銭感覚が変わったおかげでチャンスをモノにしました。

リーマン・ショック後、ある物件が競売に出ました。事前調査によると、一番札は10億円。アドレスは、5000万円を集められるくらいの資金力しかありません。目いっぱい勝負しても、2億5000万円。それでも序列第4位にしかならず、落札は不可能に近かった。

しかし、高尾社長は、**限界の2億5000万円**を調達して競売に参加した。すると、幸運なことに、1位から3位までの会社がすべて降りてしまった。アドレスは高収益の物件を手に入れることができて、投資した以上の利益を得ました。

以前なら、事前調査段階であきらめていたでしょう。しかし、歌舞伎町で従来の3~10倍の飲み代を使うようになった高尾社長にとって、**5000万円から2億5000万円への5倍増は何でもなかった**。金銭感覚がぶっ壊れていたから、幸運をつかめたのです。

このように社長は、これまでの金銭感覚が狂うくらいの飲み方をしたほうがいい。

注意点としては、派手な飲み方をしていると、よい人だけでなく悪い人も寄ってくることです。

株式会社関通《かんつう》（総合物流・大阪府）の達城久裕《たつしろひさひろ》社長は、酒場で聞いた情報をもとに個人的な投資をして、大損した。酒の席で聞いた〝おいしい話〟が本物であった試しはない。とくに自分より儲けていない人から聞いた儲け話は、頭から疑わないといけません。その話が本当に儲かるなら、人に教えず自分でこっそりやっています。外に漏れてきた時点で眉唾物《まゆつばもの》と考えるのが妥当です。

飲食で金銭感覚を壊すのはいいし、その感覚で本業に投資をするのもいい。しかし、関係のないところでネジが外れるのは困る。お金の使いどきを間違えないように注意してください。

歌舞伎町でしか飲まない

いろいろな店を開拓して広く浅く遊ぶか、それともいつも同じ店に足繁く通うか。みなさんの遊び方はどちらでしょうか。

私は、ここと決めたらいつも同じ店に足を向けます。経営では、エリアを広げるより、狭いエリアに深く入り込んでシェアを高める「ランチェスター戦略」が有効です。飲食店との関係も同じで、「狭く深く」がいい。

私はいつも歌舞伎町の風林会館エリアに飲みにいっていました。65歳になって歌舞伎町は卒業しましたが、行く店も決まっていました。他のエリアや店に浮気することもありますが、浮気相手も決まっていて、行きずりの店に適当に入ることはまずありません。

なぜ、同じ店に何度も通うのか。

通うたびにお店とお客が互いに学習して、居心地がよくなるからです。私は、

「この店は、このメニューが美味しい」

「あの職人さんに握ってもらったほうが美味しい」

「毎週この曜日は混むから避けたほうがいい」

と学習して、お店のほうも、

「このお客さんは、こういう味を好む」

「長居せずにすぐ帰るから、コース料理は間を置かずに提供したほうがいい」

と学習していく。そのうち互いにあうんの呼吸で注文・接客をするようになり、腹の探り合いをしなくてよくなる。


最近はＳＮＳに投稿して「いいね」を押してもらうために話題の飲食店を回る人もいるそうですが、私が飲食するのは、一緒に行った人と気持ちよくコミュニケーションするため。その目的を考えると、毎回お店とゼロから関係をつくっていかなければいけないのは煩《わずら》わしいだけです。

森伊蔵でわかる「三流」と「一流」の飲み方

お店とよい関係を築くには、まずお店の人に顔を覚えてもらわなくてはいけません。

では、どうすれば顔を売れるのか。

ここで一番やってはいけないのは、目立とうとして粋《いき》がることです。たしかに粋がれば顔を覚えてもらえるかもしれませんが、悪い印象で覚えられたらサービスが悪くなる。**逆効果**です。

「森伊蔵《もりいぞう》」という入手困難な焼酎があります。なかなか手に入らないので、入荷できても店のメニューには載りません。常連さんに勧めたり、お客側から聞かれたら特別に出したりというレベルの幻の焼酎です。

ダメな社長は、「森伊蔵」をカウンターに置いて飲みます。幻の焼酎を飲んでいる通な自分をアピールしたいからです。しかし、これは店にとって迷惑。それを見た他の客から「自分も飲みたい」と言われると、出さないわけにいきません。その結果なくなってしまうと、入荷を楽しみにしていた常連さんに申し訳が立たない。

「森伊蔵」を勧められたら、私は裏でグラスに入れてきてもらいます。見た目は普通の焼酎と同じです。自分は幻の焼酎を味わえて、お店は常連さんの分を確保できる。「森伊蔵」の入荷を知らない他の客もがっかりすることはない。**誰も困らない飲み方**です。

次にきたとき、「珍しいものを出してあげよう」とお店側が思うのはどちらか。粋がって目立とうとしなかった私のほうに決まっています。

アピールしなくても顔を覚えてもらえる方法

お店の人に顔を覚えてもらうのに、奇抜なことをする必要はありません。私が意識しているのは、**「いつも同じ席に座り、同じものを注文して、同じことをする」**こと。**一つひとつは何でもないことでも、それを繰り返すと人の印象に残ります**。ヘタに粋がるより、ずっといい。

私はある小さなスナックで、いつも同じ端っこの席に座ります。空いていなければ、

「また今度」と帰ってしまう。すると、そのうちお客さんが気を利かせて、別の席にズレてくれるようになった。

そのスナックでは、カラオケでいつも同じ歌を歌います。私はダンスの腕前には自信がありますが、歌はまったくダメ。なかなかメロディが覚えられないから、いつも同じ歌しか歌えません。これは覚えてもらうためにやったことではありませんが、やはり印象深かったようで、私がいないときに誰かがその歌を歌うと、「最近、あの人こないねえ」と他の常連さんがつぶやくそうです。

基本的には、どの店でも同じです。なるべくいつも同じことを続けると、こちらからアピールしなくても顔を覚えてもらえます。「この店で一番高いものを」などと悪目立ちするよりスマートで効果的です。

相手の「自分史」10ページ以内に入るように

私はお店以外の人に対しても、自分の印象を強く残すことを意識しています。

お客様や就活生、著書を手に取ってくれた人——。

これらの人が「自分史」を一冊書いた場合、最初の10ページまでに私が登場することが最終目標です。

第一の目標は、まず自分史に取り上げてもらうことです。自分史が100ページの本だとしたら、それぞれの人生に影響を与えた重要な100人に入って、名前を載せてもらう。おそらくわが社の社員の自分史には、小山昇が100ページ以内に入っているでしょう。社内結婚して私が仲人をしたら、きっと50ページ以内です。

ここから先は簡単にはいきません。

自分史の最初の数ページは両親や配偶者ですから、それらの人に次いでシングルプレーヤーになるには、相当なインパクトが必要です。

しかし、それが実現できたら、「人の役に立つことができた。自分の人生もムダではなかった」と素直に思えます。

カードより現金

ありがたいことに、私はどのお店でも大切に扱ってもらえます。なじみで気心が知れていることだけが理由ではありません。**お店にとって〝都合のいいお客様〟**だからです。

私はいつも素性を隠して飲んでいました。社長とわかると、投資話を持ちかけられたり、相談を受けたりする。それではリラックスできないので、いつも**偽名**です。

偽名は店によって使い分けます。看板が白の店は「柏木」、黒の店は「黒木」、黄なら「横井」。**看板の色に木へんをつけるというルールに統一**しておけば、間違えることはない。偽名を複数持つのは別人格になりきる遊びのようなもので、とくに深い意味はありません。

いずれにしても、偽名を使うときの障害が、クレジットカードです。カードには「小山昇」と書いてある。「柏木」と名乗る男が「小山」とサインしたら怪しまれる。だからいつも**支払いは現金**でした。

最初はそのような理由で現金払いでしたが、そのうちに自分がカード払いのお客様より大切に扱われていることに気づきました。

考えてみると当然です。

カード決済には7％前後の手数料がかかり、その手数料は店が負担します。同じサービスを提供して利益に差が出るなら、利益の大きい現金払いのお客様を大事にするに決まっています。

海外では現金が使えないことも多く、やむをえずカードを使用していますが、日本国内ではまだまだ現金が優位です。キャッシュレス社会になっても、お店にとってのデメリットを解消しない限り、現金優位は変わらない。当面は現金で払い続けて、**お店にとって“都合のいいお客様”**でいようと思います。

サクッときてサクッと帰る

お店の人を喜ばせるポイントは他にもあります。

私は**集中力があっても持続力がない**から、同じ店に1時間半もいると、お尻がムズムズしてきます。お店はコース料理をだいたい2時間と想定していますが、私はあらかじめ言って半分くらいの時間で出してもらう。もともと長居しない寿司屋のカウンターなら、もっと早い。数貫つまんで、30分で帰ります。

お店にとって、私のように客単価がそれなりに高く、すぐ帰るお客様はありがたい。一軒で深酒しないが、すぐ次のお客様を入れられるのでお店の回転率が上がり、全体の売上が増える。

先日お邪魔したお店は、当日予約がほぼ不可能な人気店でした。しかし、夕方5時半に電話して「いまから行っていいか」と聞いたら、難なくOKが出た。7時から次の予約が入っていて普通は断られるが、私が1時間で帰ることを知っているので、すき間時間に入れてくれた。

サクッときてサクッと帰るスタイルは、お店にもお客様にもメリットがある。長《なが》っ尻《ちり》の習慣は、できるだけやめたほうがいいでしょう。

キャバクラで好かれる飲み方

男性のために、**キャバクラで好かれる飲み方**についても伝授しておきましょう。

２０１８年1月10日、「白いばら」（銀座のキャバレー）が87年の歴史に幕を下ろしました。私が最も飲んでいた時期、その店で指名する女性が10人いました。その10人を勝手にA班、B班に分けて、「A班のコは最初の30分だけで、後半はダメ。B班のコは逆に後半だけで、最初の30分はダメ」と独自のルールをつくっていた。

人間は不思議なもので「くるな」と言われると、きたくなる。女の子たちはルールをつくった後のほうが席についてくれるようになりました。

モテた理由は他にもあります。

指名をたくさん取れる女の子は、できるだけ多くのお客さんのところを回りたい。一方、指名したお客さんは逆に女の子をできるだけ長く引き留《とど》めたい。ここでかけ引きが生まれ、女の子は「いかにお客さんを不快にさせずに席を立つか」で頭を悩ませます。

私はその様子を見て、「他の女の子がきたら、最初にいた子は席を立つ」ルールをつくりました。最初についていた女の子は、新しい女の子がやってきたら、ルールがあるから席を立てる。ヘタなかけ引きなしに席を立てるので、みんな私のテーブルにつきたがりました。

女の子はみんな人気が出たから、私の誕生日にバンドマスターと相談し、エプロンステージに10人が立って（生バンド演奏の店でした）、ハッピーバースデーの歌を歌ってくれたこともありました（他のお客さんが焼きもちを焼くから次の年からは禁止になりましたが）。

すぐに席を立たれたら女の子と深い仲になれないではないか、という嘆きが聞こえてきそうですね。

しかし、そもそも深い仲になろうとするのが間違いです。

昔のクラブはボックス席が主流でしたが、最近のキャバクラは横並びが基本で、照明も暗めです。そのほうが女の子の顔が見えづらく、お客さんは幻想を抱ける。

また、教養のある銀座のホステスは1時間話しても飽きませんが、歌舞伎町の若いお姉ちゃんは15分が限度です。深い仲になろうとして明るいところで長く話すようになったら、幻想から覚めて結局は深い仲になりたくなくなる（笑）。

それがわかっているから、歌舞伎町のキャバクラのマネジャーは、若い女の子を15分で別の席に移動させます。幻想を見させる商売だから、そのあたりはうまい。

若い女の子をバカにするつもりはありません。人生経験が浅いから、会話の底が浅いのはあたりまえ。男女限らず、そういうものです。

武蔵野の若い男性社員の多くは、1年目にダスキンのホームサービス（一般家庭向け）に配属されます。若くてハツラツとした男性社員は、主婦のお客様に好感を持って迎えられます。しかし、たいていは1年で異動させる。お客様と顔なじみになるとボロが出る。お客様とさらに深いコミュニケーションを取るのは、また別のところで経験を積んでからです。

キャバクラでの実験結果が離職防止につながる

私にとっても、15分で女の子が移動するのは好都合です。

外からは鼻の下を伸ばしているだけに見えるかもしれませんが、私がキャバクラでやっているのは、**若い人たちの心理リサーチ**です。

こういうことを言うと喜ぶのか、それとも反感を買うのか。

同じ内容を話すのでも、言い方を変えたら響き方は変わるのか。

女の子を相手に、そういった実験をしていました。

会社でいきなり実験をやって失敗すると、人が辞めます。しかし、お店なら失敗しても痛くない。いくらでも代わりの女の子が席についてくれます。

女の子と話すのが実験だとすると、回転が速くて多くの人を相手に試せるほうが、私にはありがたい。銀座より歌舞伎町が好きな理由のひとつは、まさに**たくさん実験できる**ことです。

内定辞退が少なく、若い社員が辞めない会社に武蔵野が変わったのは、私がかつてキャバクラに通っていたから。キャバクラ通いを正当化する言い訳ではなく、それが真実です(笑)。

いい店は「玄関」で見分ける

基本的に私はいつも同じ店にしか行きませんが、地方に出張して新規開拓せざるをえないときもあります。

では、知らない街で美味しい店を見つけるにはどうすればいいか。

まずチェックしたいのは、**玄関**です。パッと見て、玄関まわりが汚いお店はダメです。玄関はお店の顔ですから、どの店もきれいに見せます。そこが汚いと、外から見えない厨房はなおさら汚い可能性が高い。

厨房が汚い店に、美味しい店はありません。まず衛生面で問題で、板さんも仕事がしにくく、調理が雑になる。逆に美味しい店は厨房が整理整頓されていて、板さんがテキパキ仕事ができる環境が整っています。

オープンキッチンでなければ直接覗《のぞ》くことはできないが、玄関を見ればおおよその見当がつく。だから玄関にゴミが落ちていたり、ゴチャゴチャいろんなものが飾ってあって整理されていなかったりする店は避けます。

板さんとスタッフの数、イワシの頭とアワビの殻に注目

店内に入ると、**板さんとスタッフの数**を確認します。

どんなに腕のいい板さんでも、一度にできる作業には限界があります。

店のキャパシティに比べて板さんの数が少なければ、料理が出てくるのが非常に遅いか、早いけれど雑かのどちらかです。私は早く食べて早く帰るスタイルで、前者の店は合いません。もちろん後者の店は美味しくない。どちらにしても**板さんの少ない店はダメ**です。

スタッフの数も同様のことが言えます。

せっかく板さんが美味しい料理をつくっても、アツアツのタイミングで持っていかない

と美味しさが半減してしまう。板さんとスタッフ、どちらかが極端に少ないようなら、失礼のないようにお断りして店を出たほうがいい。後から苦情を言うより、ずっと建設的です。

カウンターにネタケースがある店なら、食材の状態から美味しい店かどうかを見極めることも可能です。

ほとんどの寿司屋では、イワシは頭を落とした状態か、すでにさばいた状態で保管しています。イワシは足が早くて、鮮度が落ちるとすぐ目に出る。それがわからないように頭を切り落とします。逆に言うと、**頭をつけたままイワシを置いている店**は、鮮度がいい。

アワビも、殻を見れば一発で鮮度がわかります。海から上げて2日目と4日目では活きが違います。

アワビの肝も、2日目はコバルトブルーで4日目は黄土色。**色はそれだけで言葉**です。

ハズレのないワインの見分け方

飲み物のほうはどうでしょうか。

飲み物は店でつくるわけではないので、自分で美味しいものを選べばいい。

ワインや日本酒など選択肢がたくさんあるお酒は、知識がないと美味しいものを選べない？

そんなことはありません。私は**65歳からワイン**を本格的に飲み始めました。どの畑のどのブドウが美味しいといったウンチクは、いまだに最小限のことしか知りません。でも、私が選ぶワインは、たいてい同席者に満足してもらえる。**ワイン通でなくても、美味しいものは選べる**のです。

選ぶときに真っ先にチェックするのは、**瓶の重さ**です。どのワインも内容量は７５０mlで同じですが、瓶を含めると重さが違います。それはいいワインほど立派な瓶を使っているからです。

次に見るのは**生産年**。これは多少知識がいりますが、ブドウの出来がいい年はワインの出来もいい。

ただ、数字をたくさん覚えるのは面倒です。私はシンプルに、**ヌーヴォー（新作）を飲んで美味しかった年のもの**を頼みます。私がワインを飲み始めてからなら、2013年や2015年が美味しかった。体で覚えているので、そう簡単に忘れません。

最後は**度数**を見ます。度数の高いものはつくるのが簡単で、逆に**低いものは技術がないと熟成させられない**。ある程度の年代で度数の低いものは、名前を知られていないものでもけっこう美味しいものです。

こういったことだけでも覚えておくと、産地やブドウの固有名詞を知らなくても、ハズレのないワインが選べる。参考にしてください。

第4章

お金をうまく使えば家庭円満！

お金と夫婦

「出世してから結婚」がいい？

私は社員に結婚を勧めています。結婚しているかどうかで出世を決めることはありませんが、結婚して家族に責任を持った社員は、稼ぎを増やそうと真剣に働く。結果として出世するのも早い。

問題はタイミングです。早く結婚しすぎると、少ない給料から家に生活費を入れなければならず、部下や同僚と飲みにいく金銭的余裕がなくなります。まわりとのコミュニケーションが少ない社員は情報が入ってこなくなり、結果を出しにくくなる。プラスになるはずの結婚がマイナスになって逆効果です。

若いうちは出世するために投資をして、給料がある程度増えてから結婚してください。この順序なら仕事も家庭も充実しますが、逆だと仕事で一人前になるための投資が難しい。投資しないと出世もできず、いずれ奥さんに愛想を尽かされる。順番を間違えると、仕事も家庭もさびしい結果になりかねません。

この10年で一組だけ! 社内結婚に離婚が少ない理由

しかし、早い結婚にも例外があります。

社内結婚です。

武蔵野で社内結婚した奥さんは、旦那に「早く帰ってこい」と言いません。早く帰ってこようものなら、旦那を回れ右させて、「部下と飲みにいけ」と送り返すでしょう。旦那の飲み歩きを容認するのは、奥さん自身が武蔵野の社員もしくは元社員であり、会社の給料や出世の仕組みをよく知っているからです。旦那が早く帰ってくると将来も苦しいままとわかっているから、旦那のケツを蹴飛ばして外に追い出す。

そのことを忘れる奥さんもいるので、私は結婚式の祝電で「賞与の半分は旦那に渡しなさい」と念を押します。晴れの舞台で念を押しておけば、旦那も「社長がそう言っているのだから」と奥さんを説得しやすい。社員の幸せを考えての祝電です。

奥さんばかり我慢させるのは気の毒だから、祝電では奥さんの味方もします。

「もし旦那とケンカになったら、いつでも小山に連絡しなさい」

実際にホットラインを通じて奥さんから報告があったら、社員が集まる早朝勉強会で旦那を公開処刑にします。それがわかっているから、旦那は滅多なことで奥さんに反抗しない。ケンカになれば、旦那がすぐに白旗をあげる。武蔵野の社内結婚率は55％と高いが、**10年間で離婚したのは一組**しかいません。私の祝電が一役買っていることは間違いないでしょう。

社内結婚には、夫婦とも在籍3年以上なら**結婚手当10万円**が出ます。10万円ほしさに一生のパートナーを決める社員はいないと思いますが、会社として社内結婚を歓迎する意思表示です。

職責上位の旦那を働かせる仕組み

社内結婚して奥さんが引き続き働く場合、ケンカの種になりがちなのが、子育てや家事の分担です。

武蔵野は男女で差別をしません。実際に女性管理職は多いし、最近入社2年目で課長になった5人のうち4人は女性でした。ですから、「男性が働いて、女性が家を見るべきだ」といった価値観の押しつけはしません。

ただ、職責上位のほうが中心となって働き、もう片方が家を支えるほうが、わが社では世帯年収が増えます。

旦那が課長、奥さんが一般社員としましょう(もちろん男女逆でもよいが、現実的には旦那が年齢や職責が上であることが多いから、このように仮定します)。

旦那は仕事に集中してA評価、奥さんは仕事をほどほどにしてC評価とします。これだと旦那は280、奥さんは100です。

賞与・配分点数表

	A	B	C	単価
課長	280	200	140	1550円
一般社員2グループ	200	140	100	1300円

金額は旦那が280×1550＝43万4000円。

奥さんが100×1300＝13万円。合計**56万4000円**。

一方、旦那が家事や育児をやってC評価、奥さんが頑張ってA評価だとどうなるのか。旦那は140、奥さん200で、計340です。

金額は旦那が140×1550＝21万7000円。

奥さんが200×1300＝26万円。合計**47万7000円**。

旦那と奥さんで役割が逆だった場合と比べて半期で8万7000円（56万4000円－47万7000円）、年間で17万4000円の差が出ます。

このように計算すると、職責上位の人が仕事に集中して、そうでないほうがサポートに回ったほうが、世帯として稼ぎが増えることは明らかです。

家事や育児を稼ぎで決めるのはおかしいと言う人もいるでしょう。そうした考え方があることは尊重しますし、最終的には夫婦でよく話し合って決めればいいと思います。

ただ、話し合うのは、世帯収入の計算をしてからでも遅くない。

わが社の井口直《すなお》（課長）・舞美《まいみ》夫婦は当初、家事や育児の分担でモメていました。しかし、世帯年収のシミュレーションをしたら、奥さんが「子育てはできるときに手伝えばいいから、A評価を取ってきなさい」と旦那に厳命して井口家の嵐はおさまり、その後、部長に昇進した。

夫婦関係を決めるのはお金だけではありませんが、お金を無視することも現実的ではない。お金を直視したうえで、夫婦でベストな選択をしてください。

家計の管理は妻に任せる

私は役員報酬を年間1億円受け取っています。よほどお金が好きなのかと言われそうですが、武蔵野の業績を上げるためのお金にこだわりはあっても、私個人の資産にはほとんど関心がありません。

じつは1億円もらっても、5500万円は所得税などで持っていかれます。それでも1億円という大台に設定しているのは、社員に夢を与えるため。私利私欲で高額の役員報酬にしているわけではありません。

私が個人の資産に無頓着ならば、小山家の資産は誰が管理しているのか。

小山家の〝天皇陛下〟であられる、わが妻です。

厳密に言うと、小山家の資産は個人会社が所有して管理しています。私の家は個人会社から借りている社宅だし、私のスーツは個人会社から支給されているユニフォームです。

その個人会社を仕切る社長がカミさんで、私はその会社の社員です。お金の使い方を決めるのは社長で、私は唯々諾々《いいだくだく》と従うだけです。

武蔵野の子会社「ふじホームサービス社」も妻が社長で、「エクシブ」のリゾートクラブ会員権を持っています。あるとき、「エクシブ箱根離宮」に社長仲間の奥さんとみんなで泊まりにいきました。ホテルの人は、真っ先にカミさんを案内した。「さすが、いいホテルはレディファーストを徹底しているなあ」と感心しました。

しかし、よく考えてみると、会員権は会社の所有でした。ホテルがカミさんを大切に扱っていたのは、女性だからではなく、社長だからです。「私もそれなりの会社の社長だぞ」と主張したかったが、その旅行は武蔵野の行事ではなく、小山家のプライベートの旅行です。黙ってカミさんの後をついていくしかありませんでした（笑）。

結局、小山家はこの力関係でうまくいっています。私が頑張って外で稼いできて、家の中のお金はカミさんが管理する。自分のお小遣いが確保されれば、私は何も文句を言いません。こうやって**役割分担することが家庭円満の秘訣**です。

奥さんにカードを持たせるな

家計のことは奥さんに任せたほうが夫婦関係はうまくいきます。

ただし、奥さんに浪費癖がある場合、完全に放任するのはよくない。とくにクレジットカードを持たせると、際限なく買い物する恐れがあるので要注意です。

浪費の目的はモノを手に入れることではなく、お金を使うことです。だから不必要なものでも何か気になるところがあれば買ってしまう。本当にお金のムダです。

それ以上に怖いのは買い物依存症です。買い物でストレスを発散する人は、モノを捨てられないことが多い。たとえ使わなくても、買い物した証としてモノがあることで安心する。しかも、整理整頓ができないので部屋はどんどん汚くなる。それでも買い物がやめられなくて、やがて買い物依存症になります。

奥さんが買い物依存症になると、旦那は仕事に集中できない。浪費でお金を損する以上の大ダメージです。

奥さんの浪費癖を防ぐには、カードではなく、**現金で生活費**を渡したほうがいい。

昔、家族旅行で毎年サイパンに行っていましたが、うちの〝天皇陛下〟にはそのたびに10万円を渡していました。

カードだと気軽に10万円以上の買い物をするが、現金だと慎重になり、使っても7万円が限度です。「残りを自分のお小遣いにしていい」と言うと、さらに節約に努めて、半分以上は残すようになる。やはり**現金の威力はすごい**。

すでにカードを渡している場合はどうするか。

普通に「返せ」と言っても、奥さんは〝打ち出の小槌《こづち》〟を手放そうとしません。私なら、**100万円で買取を提案**します。支払い方は、奥さんに月9万円弱の現金を提案する。

現金100万円と聞くと、その魅力に抗《あらが》えなくなる。多少の上積みが必要になるが、最終的に「イエス」と言ってくれます。

これで奥さんを買い物依存症から救えるなら安いものです。

「深夜0時すぎの帰宅」は1時間ごとに1万円の罰金!

私は結婚してから、帰宅が深夜0時をすぎることはほとんどありません。どんなに飲んでも、夜11時には家に帰っています。翌朝早いので、しっかり眠らないと仕事に支障が出る。若い頃とは体が違うのだから、飲み方を変えるのは当然です。

そうした習慣を知っていじわるしたいのか、それとも本人の酒グセが悪いだけか、ときどき「小山さん、もう一軒行きましょう」と誘ってくる社長もいます。

このときの断りの文句は決まっています。

「1分遅れると1万円だけど、払ってくれる?」

じつは小山家には**罰金制度**があります。**帰宅が深夜0時を超えたら1万円。以後、1時間超過するごとに1万円**です。

飲み代を奢《おご》るという社長も、さすがに人の家庭の罰金を払うのは嫌で、「罰金を払ってくれるならもう一軒つき合うよ」と返すと、あっさりあきらめます。

この罰金には**消費税**がついて、**消費税分は娘**に支払います。一度、ギリギリの23時59分に玄関にすべり込んだときは、「お母さんがドアを開けなければ500円もらえたのに」と悔しがっていました(消費税率5%の時代)。

〝60回帳〟に感じる奥さんの愛

飲み歩きの度がすぎる社長には、同じ罰金制度を導入させます。前に触れたミウの宮下社長も、そのひとり。経営立て直しの最中なのに派手に飲み歩いていたため、奥さん宛に**「深夜0時をすぎたら1分1万円をもらってください」**とハガキを書いた。これで私が目を光らせなくても、奥さんが進んで監視してくれる。

しばらくおとなしくしていた宮下社長ですが、あるとき帰宅が午前2時すぎになりました。宮下社長は「1時間1万円」と勘違いしていたらしく、奥さんに2万円を払ったものの、突き返された。奥さんは私が送ったハガキを眼前に突きつけて、**「1分1万円だから、120万円よ」**と通告した。宮下社長はいっぺんに酔いが覚めた(笑)。

宮下社長は「とても払えない」と私に泣きついてきました。しかし、約束は約束で、そもそも泣きつく相手が違います。私は「奥さんに平謝りして、**月2万円の5年間60回払いで交渉しろ**」とアドバイスしました。

奥さんは了承して、支払いの抜け漏れが起きないように**60回帳**をつくった。2万円をもらうごとに、**幼稚園児の娘が使うカエルのスタンプを押してあげる仕組み**です。60回帳には、奥さんの**愛**を感じます。60回すべてスタンプが貯まると、宮下家における宮下社長の存在価値がなくなって、奥さんは旦那を捨てるかもしれません。それが嫌なら、スタンプが残り少なくなった段階でまた深夜0時すぎまで飲みにいき、新たに罰金をこしらえればいい。

いずれにしても、**家庭内における自分の寿命が見える化**しているので、旦那は対策の打ちようがある。いきなり最後通牒《つうちょう》を突きつけるより、ずっと親切です。

会社に罰金制度を導入するのは法律上問題がありますが、家庭に導入してもまったく問題ありません。つい午前様になってしまう人は、夫婦円満のために罰金制度を検討してはどうでしょうか。

前日までなら1000円、当日キャンセルは2000円

夫婦ゲンカの原因のひとつは、夫婦間でスケジュール情報が共有できていないことです。旦那は家族のために一生懸命働いているのに、奥さんは単に外で遊んでいると思っている。旦那がいつどこで何をしているのか、奥さんにきちんと伝えてあれば、この種の誤解

お金と給料
お金と人材
お金と社員教育
お金と経営
お金と金運
お金と時間
お金と遊び
お金とお酒
お金と夫婦
お金と子育て
お金と家
お金とマナー
お金と健康

は起きません。

ところが、旦那が伝えることをサボったり、直前に伝えたりするので、奥さんは「家でごはん食べないなら、ちゃんと言ってよ」と頭からツノを出す。奥さんの怒りはごもっともで、すべて旦那の責任です。

当日にLINEで「今夜遅くなる」は厳禁です。奥さんを怒らせたくなければ、遅くても1~2週間前からスケジュールを伝えておく。こうした配慮ができるかどうかで、奥さんの態度が変わります。

私は自分のスケジュールを書いた紙を渡すのではなく、**カミさんに口頭で伝えてその場で日記帳に書いてもらいます**。紙を渡すだけだと、カミさんは真剣に見ない。自分の手を動かして書くと、内容が記憶に残り、誤解が生じにくくなります。

突発的な仕事が入ることも多く、先の予定を伝えにくいという人もいるでしょう。

その場合はお金で解決しましょう。予定を変更したら、奥さんに**変更手数料**を払う。**前日までなら1000円、当日キャンセルなら2000円**としておけば、奥さんも文句は言いません。

奥さんに出張手当3000円

出張が多い人も、**奥さんに出張手当**を出したほうがいいでしょう。

コトブキ製紙株式会社（製紙・佐賀県）の武藤泰輔社長は、武蔵野のセミナーにきてから東京出張が増えました。長いセミナーに参加すると、1週間近く東京に行きっぱなしです。当時は息子さんがまだ小学生で、奥さんは「育児も手伝わないで」とおかんむりでした。

しかし、あらかじめスケジュールを共有したうえで、出張手当として**奥さんに1日3000円**払うようにしたら、ピタリと文句が止まった。むしろ「次の出張はいつなの？」と奥さんから聞かれるようになった。

武藤社長は、会社から出張手当として1日2万5000円をもらっていました。奥さんに渡す出張手当は、ホテルのグレードをひとつ落とせば捻出できる。家庭で肩身の狭い思いをするくらいなら、出張先の部屋が狭くなるほうがずっとマシです。

ブランドバッグよりお金

武蔵野のラスベガス研修は、社員に大人気です。

社長賞・優秀社員賞・新人賞・2~5グループの社員（上級社員から本部長）と入社4年目の社員は全員参加します。

社員の成長が実感できるのは、社内でやっている「気づきレポート」で、最低目標は700個、最高は2000個を超えることもある。

研修費はひとり35万円以上かかるが、見聞が広がり、成長を肌で感じることができる。参加回数が多い社員ほど成長するのが特長です。

ラスベガス研修には、経営サポート会員の社長も毎回参加します。

株式会社愛媛総合センター（保険代理、不動産、タオル製造販売・愛媛県）の丹後博文社長は、ラスベガスに行く前に奥さんから、

「あなたはセンスがないから、お土産は何も買ってこなくていい」

と言われ、送り出されました。

奥さんは、旦那だけ海外に行くと聞いて、少し腹立しかったのかもしれません。

ラスベガスに着いた丹後社長は、初日いろいろと負け込んで2日目を迎えました。

そのときの様子を丹後社長はこう言っています。

「小山社長が『よし、ここに行くぞ』とバッグ屋に入っていきました。みんなでついていった矢先、『川村さんはこれ、丹後さんはこれ、島さんはこれとこれを買え』と突然言う。普段から〝はい〟か〝イエス〟か〝喜んで〟なので買わざるをえません。

しかも、バッグに入る小さい紙袋をもらい、『おまえたち、3万円ずつ入れろ』と言うじゃありませんか。たまったもんじゃありません。

しかし、帰国してそれを妻に渡すと、真意がわかりました。バッグを見て、

『いいバッグ、ありがとう』

と言うんです。

ん？　何もお土産いらない、と言っていたのに違うのか？

同時に、バッグの中の袋に入った現金を見て、

『また行ってきたらいいよ』

と言う。

ええ？　どれだけ現金なんだ⁉

現金がこんなにも威力を発揮するのかと、小山さんのすごさを実感しました。こういうことも、一度体験しないと一生わかりません。旅行で何をするか、どこへ行くかも大事ですが、**誰と行くかはもっと大事と思った瞬間**でした」（丹後社長）

株式会社高田魚市場（水産物卸売市場運営、生鮮魚介卸売・大分県）の桑原猛社長は、会長の父に財布を買って帰り、中に**3万円**を入れておいた。

それを見た、お父さんは「おまえみたいな息子を持ってよかった」と大喜びをした。

ラスベガス研修は、65歳までは私が案内していましたが、現在は株式会社ヒカリシステムの金光淳用社長が案内しています。

研修旅行もプライベート旅行も、**自分が健康、家族が健康、会社が健康**の3つがそろわないとできない。3拍子そろういまがチャンス。ぜひ行ってみてください。

提案は私、支払いは旦那の社長！
プレゼントで奥さんの心をつかめ

経営サポート会員の社長と、奥さん同伴で食事にいくことがあります。最初は、どの社長の奥さんも私と食事にいくことを嫌がります。旦那の上司と食事にいくだけでも肩が凝《こ》るのに、旦那の〝先生〟となるとなおさらでしょう。

しかし、一回でも一緒に食事をすると、奥さんは「次はいつ？」と逆にせかすようになります。

なぜ態度が急変するのか。

奥さんにプレゼントがあるからです。

株式会社コプロス（建設・山口県）の宮﨑薫社長がかばん持ちをしたとき、たまたまその日が宮﨑社長夫婦の結婚記念日で、私とカミさん、そして宮﨑夫妻の４人で食事をしました。

たまたまその日に、カミさんがダイヤの3連指輪《リング》をしていた。宮﨑夫妻には3人の娘さんがいることを知っていたので、「同じものを奥さんに買ってあげたらどうか。相続のときモメなくていいよ」と宮﨑社長に提案。すると、宮﨑社長は「そんなお金はないです」と言ったが、私は宮﨑社長が高級ゴルフクラブを買うために100万円をヘソクリしていることを知っていた。財源を示されて後に引けなくなり、結局、次の日に百貨店にいきました。

3連指輪は80万円でした。しかし、買う直前に奥さんが「長男の嫁の分も」と言い出して〝4連指輪〟になった。計110万円になって予算を少々オーバーしましたが、払うのは宮﨑社長ですから問題ありません。

このように私と食事をすると、プレゼントをもらえることが多いので、奥さんが私にやさしくなる。**提案するのは私、支払いは旦那の社長**ですが、なぜか感謝は私に集中します(笑)。

100万円の餞別に手が震えていた社長の長男

社長の息子にプレゼントしてあげたこともあります。

鶴見製紙株式会社（製紙・埼玉県）の里和永一社長の長男は、スーツの仕立て職人です。見習いからようやく自分で仕立てさせてもらえるようになったと聞いて、さっそく私のスーツをつくってもらった。

上着とパンツはぴったりでした。しかし、3つぞろえのベストのサイズが合わず、改めて自宅で採寸してもらいました。

そのとき、長男とじっくり話したら、「仕立て職人の修業でイギリスに行くことに決めた」と言う。私は里和社長に連絡して、**餞別《せんべつ》として100万円**を用意させました。

里和社長は、もともと10万円程度の餞別を考えていたようですが、その10倍の額を指示されてびっくり。しかし、里和社長は私にいろいろ秘密を握られているので逆らえません。

１００万円の新札に帯封をつけたまま、長男に手渡した。長男は受け取るとき、**手が震えていた**そうです。

じつは里和社長と長男の関係は、ずっと良好だったわけではありません。長男が仕立て職人を目指したのも、父に反発する気持ちがベースにあったからです。

しかし、この一件で親子関係はかなり改善した。

私は長男に経営者の資質があると踏んでいるので、一時帰国したときに「君は自分の道を貫くタイプ。この性格は社長に向いている」とアドバイスしました。以前なら聞く耳を持たなかったが、**１００万円の恩**があるので、いまはとりあえず素直に話を聞きます。

彼の人生がこれからどうなるのかはわかりません。ただ、もし後を継ぐ気持ちが芽生えたら、そのきっかけが１００万円の餞別にあったことは間違いないでしょう。

プレゼントは、家族間でも潤滑油として機能します。

「家族内でプレゼントし合うのは、プラス・マイナス・ゼロでムダだ」

と考えるのは**間違い**です。

お金の計算上はプラ・マイ・ゼロでも、やりとりの中で感謝の気持ちが伝わり、家族の絆が強くなります。

家庭円満なら、旦那は憂《うれ》いなく仕事に集中できる。結果として家族に経済的な恵みをもたらしてくれます。

お金と子育て

「かばん持ち」はなぜ復活したか

ここからは「お金と子育て」について紹介しましょう。

娘の将来のために、小山家では2台目のバカ高いピアノを買いました。当然、**家計は火の車!** 新たな稼ぎをつくらないと、カミさんに追い出されかねません。

どうしようかと悩んでいたところに、経営サポート会員のM社長から「かばん持ち研修を復活させてくれ」と頼まれました。

昔からかばん持ち研修をやってきましたが、正直、かばん持ちは、かばんを持たれるほうも気力・体力を相当使う。大変なので中断していました。

しかし、背に腹は代えられない。かつては6日間157万5000円（税込）でやっていたかばん持ちを**5日間157万5000円（税込）**にして再開しました。すると、再開前以上の人気プログラムになって、いまは3日間108万円（税込）でも、2020年3月まで予約がいっぱいです。

中断していたかばん持ちが復活した背景には、こういった裏事情がありました。書籍では初めて明かすエピソードかもしれません。

お金のありがたみを体感させる

うちの娘には、幼い頃から家庭内でアルバイトをさせて、**「お金は汗を流した対価としてもらうもの」**と体に叩き込んでいます。

一時期、社員約20人に、毎日私にボイスメールを送るという課題を出したことがありました。そのチェックをするのが、当時小学生だった娘の〝仕事〟。ひとりが送ってくると表に○印をつけて、**○印ひとつで1円**もらえます。全員がきちんと送ってきたら**1日20円**

もらえるが、なかにはサボる社員もいる。すると、娘に全社一斉のボイスメールでこう送らせました。

「三根さんがまだです。私のお小遣いが減るから、ちゃんとボイスメール送ってくださ い！」

親が夏休みの宿題を手伝ったときには、逆に娘からお金を取りました。

1日手伝ったら**10円**です。娘は逡巡《しゅんじゅん》していたが、渋々払って私に宿題を手伝わせた。

2学期が始まって、クラスメイトが「親に宿題をたくさん手伝ってもらった」と話しているのを聞いて、娘はこう思ったそうです。

「みんなすごいお金持ちだ。お父さんに宿題代を払えるなんて！」

そう、娘は他の家も、親にお金を払って宿題を手伝ってもらっていると勘違いしていた。

ねだられても、タダでお金を渡すことはありません。

高校生になって、「クリスマスに買いたいものがあるから1万円貸してほしい」と言う。

私は財布から1万円札を出して、白い紙と一緒に手渡した。

「ちゃんと**借用書**を書けよ。お正月のお年玉で返しなさい」

娘は「お父さんのケチ！」と言って、2度と私から借金をしなくなりました。無利子で貸してあげたのに、ケチはひどい（笑）。

このように、お金に関しては、娘が幼い頃から**ずっと大人扱い**してきました。小山家は、他の家庭よりシビア。娘は社会のお金のルールをよく理解しています。

「子ども会社見学会」で親への感謝を実感させる

お小遣いを労働の対価として渡すことについて、「そこまでやらなくてもいい」と考えるご家庭もあるでしょう。それは各家庭の判断です。

ただ、少なくとも「お金は天から降ってくるもの」と子どもに勘違いさせる教育はしないほうがいいと思います。

昔の日本は農家や商店などの個人事業主が中心で、子どもは親が汗水たらして働く背中を見て育ちました。家業を手伝うことも珍しくなく、多くの子どもが労働を体験として知っていた。

働き手の多くがサラリーマンになっても、給料日になるとお父さんが現金を持って帰ってくるので、「お父さんが身を粉《こ》にして働いて、僕たちの生活が成り立っている」となんとなく理解していたものです。

しかし、現金手渡しから銀行振込になって、子どもにとって給料は「お父さんが働いてもらってくるもの」から「お母さんが銀行のＡＴＭから引き出してくるもの」に変わった。これを放置すると、上を向いてお金が降ってくるのを待つだけの人間になりかねません。

そこで武蔵野では、子どもの夏休み中に3回、「子ども会社見学会」を実施しています。毎回定員オーバーの盛況で毎年参加のお子さんもいます。**親子で参加したら親に1万円**を支給します。

子ども会社見学会では、私がお父さんやお母さんの仕事の内容を簡単に説明します。そして子どもに、実際に環境整備やモップの交換をやってもらう。その対価として子どもにお菓子をあげる仕組みです。

そうやって子どもは、お父さん、お母さんが働いて自分たちが生活ができることを知る。

社員たちの目がウルウルする「子ども会社見学会」

最後に**お父さん、お母さんにメッセージ**を書いてもらうが、みんな素直に「いつもありがとう」と書く。親たちは目をウルウルさせています。

労働とお金について理屈を教えることも大事ですが、**親が働いている姿を見せる**こと、そして**実際に子どもに労働を体験させる**ことのほうが、ずっと教育効果が高い。これからも、できるだけ会社がその機会をつくってあげたいと思います。

駐車場を４つのエリアに分けた誘導で大繁盛

私自身が働く面白さを覚えたのは中学生の頃でした。中学校はアルバイト禁止でしたが、近所のドライブイン（高速道路でいうサービスエリアのような施設）で悪友と２人で駐車場係をやりました。

当時の日本は高速道路網が発達しておらず、街道沿いにあるドライブインが大盛況でした。駐車場に停めるのに行列ができるほどで、その仕事のために中学生を雇ってくれました。

私たち2人はなかなか優秀でした。普通はやってきた車をそのまま順番に停めさせます。しかし、私たちは駐車場を**4つのエリア**に分け、店から出てくる時刻が0～15分ならココ、16～30分ならココと誘導しました。店から出てくる時刻はあくまでもこちらの予想ですが、人数や年齢からだいたい想像がついた。こうやって整頓すると、車をすき間なく停められ、多くの客をさばけます。

ドライブインの売上に貢献していたので、時給の値上げ交渉をしたら、クビを切られました。しかし、駐車場係が替わって車をさばききれなくなり、売上が激減し、苦情も多発してまたお声がかかった。生意気な中学生でも、結果を出せば重宝されます。

「空き瓶回収係に任命した」の一筆で停学を回避

経営者のマネごとをしたのは高校生の頃からです。

当時は瓶が貴重品で、空き瓶を店に持っていくと、5円もらえました。ふと教室を見たら、購買で買った牛乳の空き瓶が落ちていた。これを拾って持っていけば、**仕入れゼロでお金がもらえる**。そう考えて、先生に「教室の清掃をやらせてほしい。他の教室にも入るので、**『空き瓶回収係に任命した』と一筆**書いてほしい」と頼み込みました。

それから毎朝早くきて、校舎内の39教室を回りました。各教室に1本くらいは落ちていて、1日20本、100円くらいのお小遣いになった。いまから50年以上前の100円ですから、それなりの価値です。

残念ながら3か月後に、「小山が空き瓶で儲けている」と先生にチクった人がいて、続けられなくなりました。アルバイト禁止だったので停学もありえましたが、生活指導の先生から一筆もらっていた任命書のおかげで、おとがめなしになった。昔からリスク回避能力は高かったようです（笑）。

子どもの成績が悪いのは、親がケチだから

自分も学校の成績がよくなかったから、子どもの頭が悪いのも仕方がない——。

そう考えてあきらめている親がいるとしたら、**正真正銘のバカ親**です。

子どもの成績が悪いのは、親の責任です。しかし、遺伝のせいではない。子どもの成績が伸びないのは、親が子どもの教育にお金をかけていないから。**「遺伝子」が悪いのではなく、「ケチ」が悪い**。

小学校時代、私の成績は「1」か「2」ばかりでした（5段階評価で下のほう）。国語は親子ともに「2」でした。そこで、地域で一番の家庭教師を相場の2倍で雇い、娘につけました。その家庭教師は優秀で、学校でのノートの取り方まで教えてくれた。結果、娘の国語力はグングン伸びて、「2」を脱出した。やはり、優秀な家庭教師にお金をかければ成績が伸びる。

娘につけたのは国語の家庭教師だけでしたが、しばらくのちに他の教科の成績も勝手に上がってきました。勉強すれば自分もできるという自信がついたからなのか、それとも国語がすべての勉強のベースになる基礎的な科目だったからなのか、私にはよくわかりませんが、**勉強も「広く浅く」より「狭く深く」が効果的**なようです。

子どもが22歳までは、ココにお金を使いなさい

私は子どもにアルバイトを経験させるのはいいことだと考えています。まず、指示されたとおりに働いて、労働とお金の仕組みを知る。それができたら、次は**「どうすればもっと稼げるか」「どうすれば目の前の仕事から学びがあるか」**を自分の頭で考えて工夫していく。子どもはそうやって**「稼ぐ力」「生きる力」**を身につけていくのです。

なかには、子どもの将来のために貯金をしている親がいるかもしれません。

子どもの将来を不安に思う親心はわかります。しかし、それは**ヘタクソなお金の使い方**です。貯金を子どもに残しても、子どもの頭が悪いままだと、ムダ使いしかしない。すぐ

にお金が底をついて野垂れ死にです。子どもの将来を本気で憂うなら、**22歳までは教育に惜しみなくお金を使ってください。目に見えるモノではなく、目に見えない知識の習得や経験**に親がお金を出してあげましょう。

「一流」「本物」を経験させる

では、子どもの教育のために、具体的に何にお金を使えばいいのか。

勉強に関しては塾に通わせたり、家庭教師をつけたりしてもいいでしょう。

その他、「一流」や「本物」を経験させるのも立派な教育です。

私は娘にプラスチック製のおもちゃを買い与えませんでした。**おもちゃはすべて木製**です。乳児や幼児は、手で触ってモノを覚えます。その時期に木製のものを触らせたほうが、感性が磨かれます。

娘がピアノを弾き始めてからは、コンサートによく連れていきました。4000円の後ろの席ではなく、**3万5000円の高い席**です。高い席はホールの構造上、生の音が一番

左上：ノルウェー最大の「ソグネ・フィヨルド」
右上：両岸は1000m超の断崖
左下：ヘリ操縦席の助手席で
右下：眼下に広がる湖、雪化粧の山々

きれいに届きます。音感には天性の部分もあると思いますが、子どもの頃からいい音を聞かせていなければ、才能は開花しない。

娘が高校２年までは、毎年小山経営研究会の海外視察に同行させました。企業訪問には同行させられませんが、他の行動はすべて一緒です。

日本では同じ風景が続くのは数時間程度。だが、ノルウェー最大の「ソグネ・フィヨルド」は変化に富んだ地形で、全長２００km超、最深部の水深１３０８m、両岸は１０００m超の断崖に囲まれている。私は船とヘリコプターからその景色を堪能したが、そのスケール感は体験でしか得られない。

また、旅行につきものはトラブル。だが、どんなトラブルも父は解決する。娘は子どもながらに、**あきらめないで**

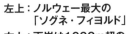

努力すれば道は拓ける、と学んでいまも生きています。

そんな娘も高校生になると小遣い3万円、食事代1日3000円でもついてこなくなる。家に帰ると外食をしないで自分で食事をつくっていたから、冷蔵庫が空っぽになっていた。

お金やモノは使うとなくなりますが、知識や経験は使ってもなくなりません。むしろ使うほど生きた知識になり、経験がさらに増える。知識や経験は、それらを活用することで**一生食べていける最強の財産**です。それらを増やすためにお金をつぎ込むことが、**親の「愛」**です。

スーパーのレジで、「瞬時に概算する力」を鍛える

食べ物も、できるだけいいものを食べさせます。いつも美味しいものばかりでは比較ができないので、**5回に1回は大して美味しくないもの**も食べさせる。**両極端を経験させる**ことで舌が鍛えられます。

美味しい料理を食べさせるだけでなく、食材についても教えます。

八百屋に一緒に買い物にいったら、キュウリを見て、どれが水耕栽培で、どれが露地栽培かを当てさせます。

水耕栽培は筒に入れて育てるから、きゅうりがまっすぐです。

一方、露地栽培のものは曲がっていて見た目が悪いが、実が詰まっていて美味しい。見分け方がわかれば、自分で美味しい料理をつくれる。

スーパーのレジに並んでいる間に、娘は合計金額を計算します。

1円単位の正確さはいりません。

だいたいいくら用意しておけばスムーズに払えるのかを概算させます。

ビジネスの現場や日常生活では、**瞬時に概算する力**のほうが有用ですが、学校では教えてくれないから、こうやって鍛えていました。

第5章

生活が豊かになる賢いお金の使い方

お金と家

タワーマンションではなく、都心の戸建てを買え

地価の安い郊外に広い土地を買って豪華な家を建てるか、それとも地価の高い都心に土地を買って標準的な家を建てるか。

社長が同じ金額で家を建てるなら、どちらが正解でしょうか。

答えは後者です。

地価の高い土地を買うのが正しい（もちろん適正価格で）。

なぜか。資産価値のある土地を持っていて会社の状態がよければ、**銀行が信用する**からです。

会社の借金から社長の個人保証は外せます。その意味で、必ずしも社長が担保になる物件を持つ必要はありません。しかし、そうはいっても、資産をたくさん持っている社長とそうでない社長なら、銀行は資産をたくさん持っている社長を高く評価する。

資産といっても、減価償却されていく上物にそれほど価値はありません。**銀行が観るのは地べた**です。**タワーマンションを買うなら、戸建て**のほうがいい。

では、同じ値段なら、郊外の広い土地と都心の狭い土地のどちらがいいのか。

銀行が評価するのは**都心の土地**です。都心の土地は根強い需要があり値下がりしにくく、**換金**もしやすい。いくら広くても山の中の土地は誰もほしがりません。基本は**駅から5分以内**です。

会社も個人も相乗効果

株式会社奥誠《おうせい》環境商事（金属リサイクル・大阪府）の潘紀忠《はんきちゅう》社長は危ういところでした。

潘社長は、もともと家族5人で兵庫県西宮市にあるマンションの9階に住んでいました。

しかし、「地震が怖い」という奥さんの望みを聞いて、大阪に戸建てを購入することにした。

最初に探してきたのは、大阪・天王寺近くの物件でした。土地が5000万円、上物5000万円、グロスで1億円です。天王寺は都会で、地価は安くありません。

ただ、奥誠環境商事は急成長中で、資金調達が今後も必要でした。会社の規模を考えても、もっと高いところに住んで銀行のウケをよくしたほうがいい。そこで、

「売上100億円の会社の社長なら、もっといいところに住みなさい」

と再検討を勧めました。

潘社長が最終的に購入したのは、大阪城近くの森之宮。土地は1億円、上物は1・3億円で計2・3億円です。

住宅資金が一気に2・3倍になりましたが、会社が好調でメインバンクは貸してくれた。高い土地を買ったので、今度は逆に社長の信用で会社も資金調達がしやすくなる。**相乗効果で信用力アップ**です。

都心に大きな家を買えても、持て余すだけで、お金のムダ？

そう考える社長は、会社のことを第一に考えていない〝**無責任**〟**社長**です。

家を買うのは、自分が贅沢するためではなく、**銀行からの信用力を高めて会社を守るため。**そこをはき違えてはいけません。

女の執念は侮れない

かく言う私は、どんなところに住んでいるのか。

住まいはずっと、JR中央線・荻窪駅の近くです。武蔵野本社のあるJR東小金井駅と、歌舞伎町のある新宿駅のちょうど中間あたりで、どちらにも〝出勤〟しやすい。

最初は杉並公会堂の近くにある賃貸マンションに住んでいました。カミさんが「地べた付きの家に住みたい」と言うから、地図上に杉並公会堂を中心とした半径200メートルくらいの円を描いて、「この範囲にいい物件があれば買う」と答えました。私の知る限り、そのエリアは人気が高く、売りに出ている物件はなかったからです。

しかし、女の執念は侮《あなど》れません。

カミさんは当時、ちょうど妊娠中。運動がてら、近所を一軒一軒見て歩くうちに、ついに条件に合う物件を見つけてきました。

頭金50万円で1億4450万円のローンが通った理由

バブルのときに建設会社の社長が自宅用に建てた家で、天井が高くて造りは立派。土地は25坪で1億円でしたが、価格は土地・上物で1億4500万円。バブルのときは2億円でしたから、お買い得です。

ただ、問題がひとつだけありました。私に**貯金が50万円**しかなかった。

私は、「**お金は『貯める』より『回す』**」をプライベートでも実践していました。

44歳で結婚したときも、年収2200万円だったのに、**銀行口座には33円**しか入っていなかった。結婚後、少しは貯め始めたものの、まだ50万円しかありませんでした。

銀行に行って、「頭金50万円で1億4450万円のローンを組みたい」と言ったら、門前払いを食らいました。銀行の立場からすると当然です。

しかし、私は食い下がった。

「わかりました。自分で交渉するから、本店の審査部を紹介してください」

私が本気であることが伝わったのか、しばらくすると支店長が出てきて、「武蔵野の役員会の議事録をつけてください」と言った。つまり、小山個人の信用が足りないところを武蔵野の信用力で補えるかどうか検討する、と言った。

それでも稼ぐ力を評価してくれたのでしょう。結局、審査に通ってローンを組むことができ、私は無事、カミさんとの約束をはたせました。

普通の銀行マンにできない決断をした支店長はさすがです。彼はその後、常務にまで出世しました。

ギリギリの綱渡りで購入した2つのわが家

ギリギリの綱渡りで手に入れた家ですが、十数年後のお正月、カミさんが「もっと広い家に住みたい」と言い出しました。お酒が入って気が大きくなっていた私は**「5年以内に**

倍の大きさの家を買ってやる」と豪語した。

カミさんは、すかさず紙と私の実印を持ってきて、「いま言った内容を書いて署名しろ」と言う。

よく覚えていませんが、後で「家の件はどうなってるの？」と紙を見せられましたから、本当に署名したのでしょう。

そのお正月から3年後、いまの家に移り住みました。

約束どおり、家の大きさは倍です。

じつはこのときは**個人、会社ともにお金がなかった**。会社にお金があれば、社長個人に貸しつけることも可能ですが、それもできなかった。幸い前の家がすぐに売れたので購入できましたが、ギリギリの綱渡りでした。

じつはこのとき、武蔵野は45期で会社史上、最もキャッシュがない一年でした。

いまだから明かせますが、**家を買った2回とも、会社も個人もお金がなくて、何かあれば会社が倒れかねないほど土俵際に追い詰められていました**。

社長は会社のためにいい家に住むべきですが、購入のタイミングは考えたほうがいいのかもしれません……。

通勤1時間以内なら、持ち家購入手当

社長の住宅購入については解説しました。

では、社員は、いつどのような家を買うべきでしょうか?

武蔵野に、**「持ち家購入手当」**があります。対象となるのは、10年以上勤続の課長職以上の社員。10年以上にしているのは、若い時期にローンを抱えると、部下を飲みに連れていく余裕がなくなるからです。

手当の額は職位や評価によって違います。

課長が**C評価以下なら30万円**。同じ課長でも**A評価以上なら50万円**を支給します。評価がいいときのほうが支給額は増えるので、みんなほしい物件が見つかると必死に頑張る。これもお金で釣る仕組みです。

住宅購入支援制度を用意している会社は少なくありませんが、そのほとんどは貸付です。

持ち家購入手当

	A以上	B	C以下
役員	100万円	80万円	60万円
5・6G（本部長）	80万円	60万円	50万円
4G（部長）	60万円	50万円	40万円
3G（課長）	50万円	40万円	30万円

それも悪くないが、返済が終わる前に何らかの事情で退職すると、返済をどうするかで泥仕合になりやすい。どうしても辞めなければいけないときは、会社としても気持ちよく送り出してあげたい。モメて嫌な気持ちになるくらいなら、**貸付ではなく支給したほうが精神的にいい**です。

支給には条件があります。購入前に申告して、私かカミさんの審査を受けることです。

妻の趣味は新聞折込の不動産のチラシを見ることで、家から近い物件を見てきて、「あの物件はお手頃」「あの物件は高すぎる」と報告がきます。

私たちのお眼鏡《めがね》にかなわない物件には手当を出しません。

特に、チェックするのは**通勤時間**です。通勤時間が長いと、それだけで消耗して仕事のパフォーマンスが落ちてしまう。**通勤に1時間以上かかる物件は、どんな物件でも無条件にアウト**です。

アルバイトでも3500万円の住宅ローンが通る?

社内審査にパスした後、私たちが業者との交渉に介入する場合もあります。

わが社の久木野厚則部長が家を買ったときは、**350万円の値引き**に成功した。100万円前後の値引きなら、他にもゴロゴロいます。

2018年10月に購入した曽我夫妻は、**390万円値引き**の新記録をつくりました。

値引きのコツは、**銀行から融資の内諾を先にもらう**ことです。業者と交渉にいく前に銀行の支店長に会って、「社員がこういう物件を買うから、よろしくお願いします」と話をしておきます。

武蔵野では、過去に**アルバイトが3500万円の家を購入して住宅ローンを組んだ実績**があります。銀行は武蔵野の実態をよく知っていて、わが社の社員なら、貸しても取りっぱぐれないとわかっている。正社員ならまず間違いなく融資が受けられます。

業者は支払いの目途がついている客を優先するので、交渉でもこちらが主導権を握れます。最近は私が忙しくて、カミさんに任せることが多いが、それでも100万円前後は値引きに成功する。

手当と合わせて150万円前後は得をするので、多くの社員がこの制度を利用しています。会社としても、社員が会社の近くに住んで、フレッシュな状態で出社してくるので万々歳です。

正面入口は西か北向き、神棚は「北を背」にして設置

武蔵野は、東京都内にいくつかの拠点を置いていますが、各拠点には、ある共通点があります。

それは正面入口が**西か北を向いている**こと。本社はもちろん、ミライナタワーのセミナールームも、JR新宿駅改札から東に進んで入る。100%ではありませんが、他の営

業所やセミナールームもだいたいそうです。

風水に凝っているわけではありません。**私の経験からきたゲンかつぎ**です。

1993年に、東中野に拠点を置いたことがあります。借りたのは新築ビルの4階で、入口は半地下で「南向き」でした。しかし、この拠点で何をやってもうまくいきませんでした。

近所の方と世間話をしていたら、「この土地にあった建物が火事で焼けて、新しくビルが建った」と聞いて腑に落ちました。

火事の跡に建っているから、わが社も火の車になった。すぐに退去して、それから入口が西か北向きの物件ばかりを借りるようになりました。

方角に関するゲンかつぎは、他にもある。**会議で私は北側を背にします**。

私も経験を積む前は、間違った判断を下してよく失敗しました。振り返ると、ミスジャッジをするのは、社長室で北・西以外の場所に座っていたときでした。それに気づいてから、北か西を背にすることを意識するようになりました。

北を背にした本社の神棚

じつは、**本社にある大きな神棚も、北を背にして設置**しています。

第48期に、経営サポート事業の売上がガクンと落ちたことがありました。

ちょうどそのときに、クボデラ株式会社（神棚専門店・東京都）の窪寺伸浩社長が営業にきたので、従来の小さな神棚から一番大きなものに替えた。神様が判断ミスをしたら困ると思って北を背にして設置したら、**経営サポート事業がV字回復**しました。

これらのゲンかつぎは私の過去の経験から生まれたもので、なぜそうなるのかと問われても説明に困る。だから、他の人に勧めるつもりはありません。

ただ、合理的に説明できなくても、実際に結果が出ているものは実践する価値がありま
す。武蔵野が大赤字になるまでは、**「事務所の入口は西か北向き。神棚は北を背に」**を続けるつもりです。

お金とマナー

「結婚式ってやったほうがいいですか?」と聞かれたら……

最近は結婚式をしない、あるいは式をやっても2人でこっそりやるカップルが増えています。式をやると、100万円単位でお金がかかる。そんなお金があるなら新婚旅行を充実させたいというカップルが多いそうです。

私は**大反対**です。

わが社のナンバー2が結婚するとき、「南の島で2人だけで式を挙げたい」と言ってきました。

「南の島でやるのはおまえの自由。好きにしていいから、退職願を持ってこい！」

私の剣幕に驚いて、ナンバー2は日本で式を挙げました。本人が納得したかどうかわかりませんが、私はいいことをしたと思っています。

なぜ、結婚式をやったほうがいいのか。

最大の理由は、**子ども**です。将来、子どもが生まれて大きくなったとき、家に両親の結婚式の写真がないとどう思うか。うちの両親は、まわりの人たちから祝福された結婚ではなかったのかと思って、さびしい気持ちになるでしょう。

実際は、まわりから祝福されていても関係ない。**子どもに誤解を与えない**ことが最優先。子どもの心を満たすために、**きちんと式を挙げて写真を撮っておく**ことが大切です。

結婚式をやっても離婚するケースもあるが、私の経験上、結婚式をやったほうが圧倒的に離婚しづらい。

誰を呼ぶか、予算はどうするか、料理や引き出物はどうするか——。

結婚式をやるのは、**じつに面倒くさい**ものです。それで最近敬遠されていますが、面倒くさい式典だからこそやる意義がある。

結婚式に限りませんが、**面倒くさいことに共同で取り組み、それを乗り越えると絆が深まります**。結婚式の準備は、結婚生活における最初の面倒くさいことです。ここを乗り越えた2人は、やらなかった2人よりずっと早く本物の夫婦になります。

武蔵野では社内結婚した夫婦が大勢いますが、社員同士でこの10年間に離婚したのは一組だけ。その一組は私に黙って籍を入れて、式も挙げなかったし、「結婚しました」の報告もなかった。

べつにお金をかけて派手な式にする必要はありません。しかし、簡略すぎてもいけません。両家の関係者をきちんと呼んで、**お披露目するという面倒な作業**をやるべきです。

身内だけでこぢんまりやりたいというなら、それもいいでしょう。ただ、その場合も式とは別に、**会社の人間を呼んでお披露目パーティ**をしたほうがいい。長い目で見ると、それが家庭円満につながります。

新婚旅行はハワイよりラスベガス

社内結婚する夫婦に、新婚旅行のアドバイスもします。

相変わらずハワイなどの南の島が人気ですが、できれば**やめておいたほうがいい**。南の島はのんびりできますが、人は時間に余裕があると、細かなところにも目が行き届くようになります。その結果、互いのささいな言動が気になってケンカに発展する。

おすすめはラスベガスです。ラスベガスには、カジノがあって、お酒があって、ショーがあり、歩く、歩く、くたくたになっても楽しいから歩く。見るところ、遊ぶところが盛りだくさんで、部屋に戻ってきたらバタンキューです。疲れてケンカする余裕もないから、いい思い出だけが残ります。

親が喜ぶのは「お金」より「お酌」

愛情はお金で示したほうが、よく伝わる――。

それが本書のテーマですが、気持ちをお金で示しても効果がない相手がいます。自分の両親です。

武蔵野は、新卒社員に**「親孝行手当」**を支給しています。最初のゴールデンウィークに帰省して両親に感謝の言葉を伝えれば、帰省にかかった交通費を支給する制度です。

鹿児島県出身の濱本未央がゴールデンウィークに帰ったときは、早割制度が適応されず往復で7万7000円かかった。それを会社が負担してくれると聞いて、両親がびっくりしたそうです。

社員には、親孝行マニュアルが用意されています。

この制度を利用する社員から、「何をお土産で買っていったらいいか」と聞かれますが、親は子からのお土産がほしいと思っていません。親が望んでいるのは、お金やモノではなく、子の顔を見ること。帰って一緒にメシを食い、会話を楽しむだけで十分です。

女性社員なら、父親にお酌してあげるといい。飲み屋のきれいなお姉さんにお酌してもらうのもうれしいが、**娘のお酌はその何倍もうれしい**。おそらく逆に父親からお小遣いをもらえる（笑）。

親孝行手当は、社員が3グループ（課長）以上に昇進したときにも支給します。

このときは、交通費に加えて、**親ひとりにつき1万円の食事代**も支給します。ひとり

1万円なら、個室でそれなりのコース料理が食べられる。親子水入らずで、**ここまで育ててもらった感謝の気持ちをしっかり伝える**。それが最高の親孝行です。

昇進時の親孝行手当は、昇進日から半年以内に帰省を実行しないと支給されません。実行しなければ、逆に本人と上司は始末書です。**アメとムチを使ってよいことを強制する**のが武蔵野流です。

ビジネスの訪問に土産は不要

私は経営サポート会員の会社を年間50社ほど、訪問しています。

世間では、手土産を持参するのがマナーですが、私は何も持っていきません。逆に、帰り際に私にお土産を持たせる会社も多いが、丁重にお断りしている。移動の荷物になり、年間50箱も甘いお菓子を食べていたら糖尿病に一直線です。

無礼だと思われるかもしれませんが、相手が望んでいないことを「善意」に包んで押しつけることのほうが礼を失しています。土産が本当に喜ばれたのは、モノが少なく、甘いお菓子や果物が高価な貴重品だった時代まで。時代が変わったのに虚礼を続けるのは、いかがなものでしょうか。

会社訪問で経営サポート会員が望むのは、私に会社を見てもらって気づいたことを遠慮なく指摘してもらうことです。だから私は**お茶も断る**。応接室で10分、お茶を飲んで世間話をする暇があったら、少しでも長く現場を見て指導してあげたい。ビジネスは、**お互いの実利を慮《おもんばか》るのが本当の礼儀**です。

現場を見て回るのは、私にとっても実利が大きい。

経営サポート会員は研究熱心な会社が多く、現場で独自のカイゼンを行っています。素晴らしい工夫があれば、私もそれを学んで武蔵野で試したり、他社訪問時に話したりする。**会社訪問は私にとってアウトプットだけでなく、インプットの場**でもある。

「小山さんは社長業が長いのに、よくネタが尽きない」

ありがたいことに、そう評価していただけることがあるが、種を明かすと、**会員から常に新しいネタを盗んでいるだけ**です。盗まれた会社には盗まれた以上のものを私がアウトプットしているので、文句が出ない。**みんなが幸せになる仕組み**です。

話を戻しましょう。

手土産が不要なのは、ビジネスの間柄だけです。プライベートではケース・バイ・ケースですが、やはり何か持参したほうがうまくいくこともあります。

つき合っている2人が、結婚の承諾をもらいに親にあいさつに行くとき、手ぶらで出かけるのはまずい。向こうの親は「一般常識を知らない男だ」と判断するでしょう。

実利がないじゃないか、という反論は的外れです。

向こうの親が望んでいるのは、利益を得ることではなく、娘にふさわしい相手かどうかを見極めること。相手が望むものがビジネスの場合とは違うので、それに合わせてこちらの行動を変える。

高価なものでなくてもいいし、滅多に手に入らない貴重なものでなくてもいい。むしろ、どこにでも売っているような定番のものを持参したほうが、手堅い印象を与えられていいのではないでしょうか。

お金と健康

病気「予防」にお金を

個人が背負う経済的なリスクで最も大きいものは何か。

人によって意見が分かれるところですが、私は「病気」だと思います。

病に倒れれば、治療費がかかるだけではない。仕事ができなくなれば、その分、収入が減って家計はダブルパンチです。

とくに、社長が病気になるのは危険です。私は65歳のときに倒れて5か月の休暇を取らざるをえなくなりましたが、その間は業績が落ちた。武蔵野は、優秀な幹部が育ち、会社が傾くところまでいきませんでしたが、普通の中堅中小企業は社長が3か月から半年不在になると、黄色信号が灯《とも》り始める。社長は社員とその家族の生活を預かる身です。普通の人以上に、健康には気を遣わなくてはいけません。

私は、生活習慣に注意するだけでなく、**予防に積極的にお金**を使っています。

最近受けているのは、**キレーション**の予防医療です。キレーションは点滴で血管の詰まりをきれいにしていく治療です。どんなに立派な建物も、長い間メンテナンスを怠るとパイプが錆《さ》びてきて流れが悪くなる。人体も同じで加齢とともに血管が詰まりやすくなるので、きれいに掃除する必要がある。

キレーションは保険適用ではないから、それなりにお金がかかります。しかし、社長が脳溢血などで倒れたときの経済的ダメージを考えたら、十分に投資する価値がある。

若い社長は無理して受ける必要はありませんが、**50歳以上で体力の衰えを感じ始めた社長**は、ぜひ検討してください。

私のドクターは、医療法人恭友会はせがわ整形外科クリニックの長谷川恭弘《やすひろ》理事長と、医療法人社団創友会UDXヒラハタクリニックの平畑徹幸《てつゆき》理事長です。長年の不摂生で肝臓を壊し、一時は「γ《ガンマ》-GTP《ジーティーピー》」が221となり、有名な先生に診ていただいたが、回復しなかった。そんな折、平畑ドクターが膵臓を治してくれた。すると、肝臓も治り、後遺症（笑）でγ-GTPが70になった。巧みな技です。

おふたりとも経営の腕はヤブでした。しかし、医療の腕は素晴らしく、数年間経営の指導をして、人がうらやむクリニックになった。いまは家族でお世話になっています。

食生活はココだけ気をつける

病気で倒れないように、生活習慣では何に気をつければいいか。

食事は、なるべく天然のものを選びます。

魚はイワシやサンマ、アジなどの青魚や、イカやタコを中心に食べます。

これらの安い魚は養殖するより捕ったほうが安上がりで、天然ものばかりです。

逆に、マグロなどの高価な魚は養殖技術が発達しているから、天然か養殖かを見極める必要がある。高価だからいいものだ、と勘違いしないように注意してください。

1日のメニューを具体的に紹介しましょう。

キミセ醤油の「五穀紅麹みそ」と「五黒まろやか酢」

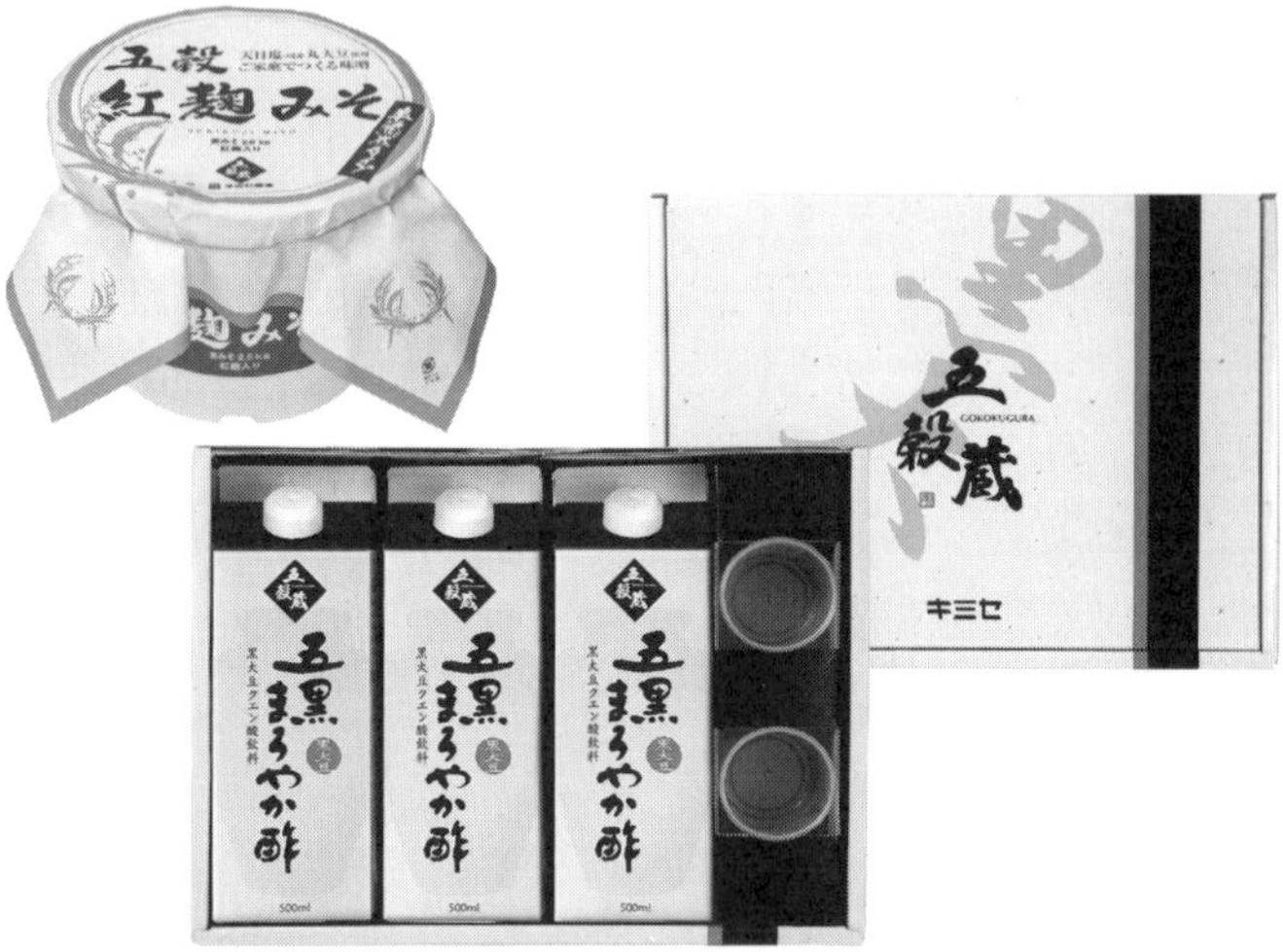

朝はまず**低温殺菌の牛乳**を一杯飲みます。それに、白いごはんと味噌汁、納豆、おかずです。味噌汁に使う味噌は、天然酵母を使った**キミセ醤油株式会社（食品・岡山県）の「五穀紅麹《ごこくべにこうじ》みそ」**です。

スーパーで売っている味噌は、品質保持のために発酵を抑えていますが、天然酵母入り味噌は放置すると発酵が進む。味が変わるのが、酵母が生きている証拠です。

食前の牛乳の後に、**キミセ醤油の「五黒まろやか酢」**を飲んでいます。

キミセ醤油の永原琢朗社長から、「酢を毎日飲んでいる父は、岡山駅前で酒を飲み、妹尾《せのお》駅近くの自宅まで歩いて帰ってくる」と聞いて、それにあやかることにしました。

岡山から妹尾は10㎞弱。それを平気で歩けるのはすごい。

ランチは日によって違いますが、「この店では、レバニラ炒めと餃子」というように頼むメニューを決めています。朝しっかり食べているので、**昼は軽め**にすませます。

夜はだいたい会食や懇親会が入っています。夜のメニューはその場に合わせますが、量は**昼以上に少なめ**です。箸を少しつけて残すことが多いが、美味しくないからではない。**就寝時には胃を軽くしておきたいので、量をセーブ**しているだけです。

「平日夜9時就寝、朝4時半起床」で睡眠のゴールデンタイムを逃さない

睡眠も重要です。**毎朝4時半に起きる**ので、そこから逆算して日曜は**夜7時半頃に寝ます**。**平日は夜9時**に寝る。

40年近く宿泊している「ホテル日航大阪」では〝**籾殻枕**《もみがら》〟をお願いしている。

「グランドエクシブ那須白河」には年間40日近く宿泊するから、**専用の枕**を預けている。

地方出張のときも、夜8時半には部屋に戻って、9時にはベッドに入る。夜遊びはきっぱり卒業し、少なくとも**1日7時間の睡眠**を確保しています。

早寝早起きに切り替えたのは、人間は**夜10～12時の時間帯に成長ホルモンを分泌**すると聞いたから。その時間に睡眠中だと、**身体の回復が早い**。同じ睡眠時間でも、早寝早起きなら**睡眠のゴールデンタイム**を逃しません。

普段から歩き回っているから、運動は、とくにしません。

70歳になって、いまから何かトレーニングをして体力を上げようと考えるのは無謀です。**目指すは現状維持**です。現状維持のために運動は必要ですが、エレベータを使わずに階段を使うといったレベルで十分です。わざわざ時間とお金を割いてジムに通ったり、マラソンを始めたりすると、負荷が強すぎ、かえって体にガタがくるので要注意です。

タバコをやめさせるのも社長の「愛」

私は社員の健康にも気を配る。

社員が病気になれば会社も困る。社員にいいパフォーマンスを発揮してもらうために、サポートできるところは積極的に支援していきます。

2000年に**「禁煙手当」**を導入しました。いまは飲食店が完全禁煙になるなど禁煙の動きが広がっていますが、当時はまだ路上喫煙が許され、わが社も喫煙者が大勢いました。「禁煙しろ」と言うだけでやめるほど、武蔵野の社員はヤワではないから、例によってお金で釣る作戦に出た。

当時の禁煙手当は、幹部からまず「禁煙する」と宣言すると**30万円**を支給。1年経って続いていたら、**追加で30万円**。**禁煙するだけで60万円**です。しかし、当初は禁煙者はゼロでした。数か月経って、奥さんが入院してお金が必要だった内野伸一課長が、やっと禁煙を宣言しましたが、ニコチン中毒になると、お金のパワーでも動かない社員が多かった。

そこで私は、喫煙社員一人ひとりに「社内でまだ吸っているのは○○さんだけ。禁煙手当30万円がもらえるのにもったいない」と自宅にハガキを送りました。

ハガキなら、家族も書いてあることを読める。奥さんからプレッシャーをかけてもらうことにした。

当時、課長だった狐塚富夫の名刺には、**「部長（タバコをやめたら）」**と肩書を書いて応援した。名刺交換のたびに相手から「どういうことですか?」と質問を受けるのは面倒なので、狐塚も観念してタバコをやめました。

こうした地道な努力が実って、いま武蔵野の幹部社員に喫煙者はひとりもいなくなった。もしかしたら陰で吸っているかもしれませんが……。

いまなら理解してくれる方が大半だと思いますが、当時は「やりすぎ」「社員のプライベートに介入するな」の批判も多かった。

しかし、私は「社員にとっていいことは、強制してでもやらせるのが正しい」と思っています。

社員が幸せになるなら、少々煙たがられようが実行する。それが**社長の「愛」**です。

【著者プロフィール】

小山 昇（こやま・のぼる）

株式会社武蔵野代表取締役社長。1948年、山梨県生まれ。東京経済大学卒。

「大卒は２人だけ、それなりの人材しか集まらなかった落ちこぼれ集団」を16年連続増収の優良企業に育てる。

2001年から同社の経営の仕組みを紹介する「経営サポート事業」を展開。

2017年にはJR新宿ミライナタワーにもセミナールームをオープンさせた。

現在、「数字は人格、お金は愛」をモットーに、700社以上の会員企業を指導。５社に１社が過去最高益、倒産企業ゼロとなっているほか、「実践経営塾」「実践幹部塾」「経営計画書セミナー」など、全国各地で年間240回以上の講演・セミナーを開催。

1999年「電子メッセージング協議会会長賞」、2001年度「経済産業大臣賞」、2004年度、経済産業省が推進する「IT経営百選最優秀賞」をそれぞれ受賞。日本で初めて「日本経営品質賞」を２回受賞（2000年度、2010年度）。

2004年からスタートした、３日で108万円の現場研修プログラム（＝１日36万円の「かばん持ち」）が話題となり、現在２年待ちの人気となっている。

『数字は人格』『朝30分の掃除から儲かる会社に変わる』『強い会社の教科書』『【決定版】朝一番の掃除で、あなたの会社が儲かる！』『１日36万円のかばん持ち』『残業ゼロがすべてを解決する』（以上、ダイヤモンド社）、『99％の社長が知らない銀行とお金の話』（あさ出版）、『改訂３版 仕事ができる人の心得』（CCCメディアハウス）などベスト＆ロングセラー多数。

お金は愛
——人を育てるお金、ダメにするお金

2018年12月5日　第1刷発行

著　者——小山 昇
発行所——ダイヤモンド社
〒150-8409　東京都渋谷区神宮前6-12-17
http://www.diamond.co.jp/
電話／03･5778･7236（編集）　03･5778･7240（販売）
装丁————石間 淳
本文デザイン・DTP—吉村朋子
編集協力——村上 敬
製作進行——ダイヤモンド・グラフィック社
印刷・製本—文唱堂印刷株式会社
編集担当——寺田庸二

ISBN 978-4-478-10520-7